CITY|TRIP
MÁLAGA

W0305670

Inhalt

◁ Flamenco in den Straßen von Málaga während der August-Feier (s. S. 97, 001ma-mux)

092ma-mux

111 Praktische Reisetipps

Zeichenerklärung

★★★ nicht verpassen
★★ besonders sehenswert
★ wichtig für speziell interessierte Besucher

[A1] Planquadrat im Kartenmaterial. Orte ohne diese Angabe liegen außerhalb unserer Karten. Ihre Lage kann aber wie die von allen Ortsmarken mithilfe der begleitenden Web-App angezeigt werden (s. S. 144).

Updates zum Buch

www.reise-know-how.de/citytrip/malaga18

Vorwahlen

› für Spanien: 0034

Eine spezielle **Vorwahl für Málaga gibt es nicht.** Die **neunstellige Nummer** muss immer vollständig gewählt werden, auch bei Ortsgesprächen.

131 Anhang

Blick über die neu gestaltete Hafenmeile Muelle Dos 27

Málaga hat sich in den letzten Jahren stark gewandelt. Diese Veränderungen taten der Stadt gut und sie ziehen immer mehr Besucher an. Kaum ein Tag vergeht heute, an dem nicht ein Kreuzfahrtschiff im Hafen anlegt. Die Stadtväter entschieden sich schon vor einiger Zeit, auf Kunst zu setzen. Zwei herausragende Museen gab es bereits (Picasso, s. S. 30, und Carmen Thyssen, s. S. 23), aber dabei sollte es nicht bleiben. Am Hafen steht eine Filiale des Pariser Centre Pompidou (s. S. 56), in der moderne Kunst gezeigt wird, etwas außerhalb der City eröffnete das Russische Museum (s. S. 59) als Filiale des Kunstmuseums St. Petersburg. Und gleich nebenan zeigt heute eine Privatperson ihre spektakuläre Sammlung historischer und luxuriöser Automobile (s. S. 58) – auch eine Form von Kunst. Aber auch das lange geschlossene örtliche Museum der Schönen Künste ist wiedereröffnet, zusammen mit dem archäologischen Museum im selben Gebäude (s. S. 51).

Aber nicht nur in Sachen Kunst hat sich etwas getan: Der zweite große Wurf war die Umgestaltung der bis dahin wenig ansehnlichen Hafenkante hinter dem schon bestehenden Paseo del Parque (s. S. 49) zu einer wunderbaren Flaniermeile, genannt Muelle Dos (s. S. 52). Hier schlendern nicht nur die Bewohner gerne und entspannt entlang, hier werden nun auch die Kreuzfahrtgäste mit einem freundlichen Anblick begrüßt. Begleitet wird diese Flaniermeile von einem Grünstreifen, der von Lokalen unterbrochen ist und seine Fortsetzung in der Muelle Uno findet.

003ma-mux

MÁLAGA ENTDECKEN

Willkommen in Málaga

Málagas Zentrum kann gut zu Fuß erkundet werden. Die **Altstadt** ist von überschaubarer Größe, alle hier beschriebenen Sehenswürdigkeiten können per pedes erreicht werden. Außerdem macht es einfach Spaß, durch die engen Gassen zu schlendern, sich treiben zu lassen und Eindrücke aufzunehmen. Und nicht wenige Gassen oder sogar ganze Straßen sind mittlerweile als Fußgängerzonen ausgewiesen.

004ma-mux

⌃ *Gemütliche Ecke in der Altstadt*

‹ *Vorseite: Die Alcazaba 11 war eine wehrhafte Trutzburg*

Eine Art **Hauptarterie** ist die **breite Fußgängerstraße calle Marqués de Larios** 1, immer noch eine wichtige Einkaufsstraße, allerdings gibt es hier mittlerweile mehr und mehr Filialen großer Ketten.

Diese Straße mündet im Norden in die große **Plaza de la Constitución** 3, ab der sich ein **Viertel mit engen, verschlungenen Gassen** erstreckt, was ein Überbleibsel aus der maurischen Vergangenheit ist. Hier befinden sich **viele kleine Geschäfte** und schier **unzählige Tapa-Bars,** aber auch einige hochkarätige Museen wie das Museo Picasso 10 oder das Kunstmuseum Museo Carmen Thyssen 4. Eine Art natürliche Grenze bildet links der – zumeist trockene – Fluss Guadalmedina und rechts der ansteigende Hügel mit der maurischen Festung Alcazaba 11 bzw. mit dem Gibralfaro 12 ganz oben.

Zwischen diesen beiden Polen befinden sich die **Altstadt** und ein Großteil der in diesem Buch vorgestellten Adressen und Tipps.

Zum Meer hin wird diese Zone durch eine Achse von zwei breiten Straßen begrenzt, der **Alameda Principal** 21 und dem sich anschließenden **Paseo del Parque** 24. Seit ein paar Jahren ist diese Grenze sogar noch ein Stückchen näher zur Wasserkante verschoben worden. Seitdem verläuft dort die sehr nette **Flanierpromenade Muelle Dos** 27. Auch hier finden sich ein paar interessante Museen wie das Museo de Málaga 25 oder das Museo del Patrimonio Municipal (s. S. 71), aber auch zwei sehr nette Parks. Wer sich innerhalb dieser Zone bewegt, kann die meisten Sehenswürdigkeiten von Málaga zu Fuß besuchen, nur einige wenige liegen außerhalb davon. Diese können gut mit dem **Stadtbus** (s. S. 128) angesteuert werden (fast alle übrigens auch noch zu Fuß). Besonders angenehm ist, dass sich gleich hinter der Muelle Dos der Stadtstrand Malagueta 35 öffnet, der ebenfalls zu Fuß erreicht werden kann. Wie eingangs beschrieben – Málaga ist eine Stadt für Fußgänger ...

Was aber gar nicht fehlen darf, ist ein **Bummel am Abend** in lauer Luft durch die Altstadt. Viele Gebäude werden zauberhaft angeleuchtet, die engen Gassen sind von einem dezent-diffusen Licht schwach erhellt und man kann derweil bei einem *vino* auf einem wackeligen Stühlchen vor einer Tapa-Bar sitzen, die milde Luft genießen und will gar nicht mehr zurück ins Hotel. Einfach nur herrlich!

EXTRATIPP

Málaga von oben

Am Hafenrand steht ein fest installiertes **Riesenrad,** das vom höchsten Punkt aus 70 m einen unvergleichlichen Blick bietet (s. S. 118).

Das berühmte **Foto mit dem Hafen und der Stierkampfarena davor** lässt sich von verschiedenen Punkten schießen, beispielsweise vom Gibralfaro 12 oder vom Vorplatz beim Parador (s. S. 127), aber auch von verschiedenen Punkten auf dem steilen Fußweg (s. S. 35) hoch zum Gibralfaro. Von allen drei Orten hat man einen sagenhaften Blick über die Stadt, von der Mauer ganz oben beim Gibralfaro sogar einen Blick über weite Teile der ganzen Stadt, nicht nur über den Hafen.

Einen Blick nicht von oben, aber aus der Totalen auf die Stadt genießt man vom **Endpunkt der Muello Uno** beim Leuchtturm, der sogar noch etwas besser wird, wenn man noch ein Stückchen weiter geht.

Ähnlich spektakulär ist der Blick vom Wasser aus, wenn man einen Schiffsausflug macht (s. S. 123). Die Schiffe fahren durch die Bucht von Málaga und so bieten sich verschiedene Blicke auf die Stadt und die Strände.

Die Stierkampfarena 26 vom Gibralfaro aus gesehen

005ma-jg

Málaga an einem Tag

Wer nur einen Tag Zeit hat, sollte sich auf das innerstädtische **Zentrum** konzentrieren und vielleicht auch dem Verlauf des auf S. 14 beschriebenen **Spaziergangs** folgen. Die Haupteinkaufsstraße calle Marqués de Larios 1 ist auf jeden Fall ein guter Ausgangspunkt für eine Stadterkundung. Hier einmal durchschlendern, einen (oder mehrere ...) Blicke in die Schaufenster werfen, dann wird auch alsbald die breite **Plaza de la Constitución** 3 erreicht. Von dort geht es hinein in die kleinen, engen Gassen, wo sich viele **Tapa-Bars** und **kleine Geschäfte** befinden, aber auch zum unweiten Kunstmuseum **Museo Carmen Thyssen** 4. Vom gleichen Platz zweigt auch die etwas verschlungen laufende calle Granada ab, die sich Richtung **Plaza de la Merced** 15 windet, wo **Picassos Geburtshaus** 16 steht. In der **calle Granada** [B/C3] findet man viele Lokale und Geschäfte, sie ist die reinste Verführung! Kurz vor dem Erreichen der Plaza de la Merced zweigt rechts die **calle San Agustín** ab, wo das Museo Picasso 10 steht. Diese schmale Gasse verläuft weiter direkt bis zur großen Kathedrale 6, in deren Nachbarschaft erneut viele Tapa-Bars auf ermattete Spaziergänger warten. Frisch gestärkt bietet sich nun noch ein Abstecher durch die **calle Císter** an, die zur **calle Alcazabilla** führt. Dort stehen die maurische **Festung Alcazaba** 11, das **Römische Theater** 13 und das wahrscheinlich bekannteste Restaurant der Stadt, das **El Pimpi** (s. S. 82).

Im Mai blühen die Flamboyantbäume zauberhaft, besonders an der Plaza de la Merced 15

006ma-hj

Kurztrip nach Málaga

Wer nur ein Wochenende Zeit für die Besichtigung der Stadt hat, kann dennoch bei effektiver Nutzung der Zeit viel erleben – vorausgesetzt, man reist am Vorabend an und bezieht eine Unterkunft in der Innenstadt. Dann hat man es sicher nicht weit bis zur Altstadt und sollte bei einem zwanglosen Bummel erste Eindrücke auf sich wirken lassen. Die **Kathedrale** 6 als markanter Punkt mit dem hoch aufragenden Kirchturm kann kaum verfehlt werden, sie ist meist schon von Weitem zu erkennen. Auch die Haupteinkaufsstraße **Marqués de Larios** 1 wird man sicherlich leicht finden, beide Orientierungspunkte liegen nah beieinander. Dazwischen kann man die engen Gassen der Altstadt mit ihren vielen Bars und Tapa-Bars erkunden.

Jetzt heißt es: eintauchen, rein in die Bars, Tapas bestellen, einen Málaga-Wein dazu (süß!) und das Wochenende kann beginnen!

007ma-hj

Erster Tag

Am ersten Tag könnte man das innerstädtische Zentrum und die Altstadt erkunden. Ein guter Ausgangspunkt ist die breite Fußgängerzone **Marqués de Larios** 1. Man könnte sie hoch spazieren bis zur **Plaza de la Constitución** 3, man könnte aber auch nach links abbiegen und eine etwas spannendere Ecke durchstreifen. Hierzu geht es nach links durch die calle Martínez bis zur calle Atarazanas, wo sich die **Markthalle** 20 befindet. Hier einmal eintauchen und das quirlige Marktgeschehen aufsaugen. Weiter geht es über die schmale calle Nueva, ebenfalls eine Einkaufsstraße, aber hier stehen mehr kleine, inhabergeführte Läden. Auch diese Straße mündet in die Plaza de la Constitución, wo man sich einen Pausenstopp im Café Central (s. S. 85) gönnen und einen Kaffee auf echte Málaga-Art (s. S. 22) bestellten könnte.

Nun bieten sich mehrere Optionen an. Vielleicht einfach **durch die schmalen Gassen stromern** und **Tapa-Bars** oder **kleine Geschäfte** entdecken? Das Viertel ist nicht groß und „richtig" verlaufen kann man sich eigentlich nicht, zumal an vielen Ecken auch Wegweiser zu den wichtigsten Sehenswürdigkeiten stehen.

Die Kathedrale 6 ist von vielen Punkten in der Stadt aus sichtbar

009ma-mux

Wer sich für Kunst interessiert, sollte das **Picasso-Museum** ⑩ oder das **Museo Carmen Thyssen** ④ besuchen, beide sind nicht weit entfernt. Oder es geht einfach die calle Granada weiter hoch bis zur Plaza de la Merced ⑮, wo Picassos Geburtshaus ⑯ steht.

Oder man besucht **historisch bedeutsame Bauwerke**, die ebenfalls mitten in der City liegen, beispielsweise das **Römische Theater** ⑬ oder die maurische Festung **Alcazaba** ⑪. Ziemlich genau gegenüber vom Römischen Theater liegt die große Terrasse von einem der berühmtesten Lokale der Stadt, dem **El Pimpi** (s. S. 82), wo man gut eine Pause einlegen kann.

Selbst eines der imposantesten Bauwerke der Stadt, die Kathedrale ⑥, steht hier gleich ums Eck.

Zweiter Tag

Am zweiten Tag kann man die maritime Seite von Málaga erkunden. Hier verbindet sich Strandleben mit Kultur, denn es stehen hier drei hochinteressante Museen unweit vom zentralen Stadtstrand **Playa Malagueta** ㉟.

Und fast schon in Sichtweite zu diesem Strand befindet sich der auffällig bunte Glaskubus, das Kunstmuseum **Centre Pompidou** ㉙.

Ganz in der Nähe steht das Museo del Patrimonio Municipal (s. S. 71), das den Besuchern die kulturelle Identät Málagas näherbringt. Ganz am Ende steht dann ein netter Spaziergang durch einen Park an, in dem sich das Archäologische und das Museum der Schönen Künste befinden.

Damit wären die wichtigsten innerstädtischen Sehenswürdigkeiten besucht. Weitere liegen etwas außerhalb, können aber bequem mit einem städtischen Bus angesteuert werden. So können Kunstliebhaber noch das **Russische Kunstmuseum** ㉜ und auf dem gleichen Areal ein hochinteressantes **Automobilmuseum** ㉛ mit einer Sammlung von Luxuswagen aus der ersten Hälfte des 19. Jh. besuchen.

Das Museo Carmen Thyssen ④ befindet sich mitten in der Altstadt

Wen es mehr an einen Strand zieht, der hat neben dem citynahen Playa Malagueta 35 noch weitere Strandoptionen, die sich entlang der Küste wie auf einer Perlenschnur aufreihen.

Wer auf **Shopping-Tour** gehen will, muss die Straßen rund um die zentrale Marqués de Larios 1 besuchen, aber natürlich nicht am Sonntag, da sind auch in Málaga die Geschäfte geschlossen.

Tapa-Bars gibt es wie Sand am Meer, sie liegen in der gesamten Innenstadt, besonders konzentriert an der calle Granada [B/C3], aber auch in den angrenzenden Straßen und in der calle de Moreno Monroy [B4] oder der calle Sánchez Pastor [C3].

Spannend für **Kinder** wären neben einem Strand-Besuch vielleicht eine **Fahrt mit einer Pferdekutsche** (s. S. 129) oder ein paar Runden mit dem **Riesenrad** (s. S. 118), das man wegen seiner Größe schon von Weitem sieht. Es steht am Hafen unweit der Plaza Marina [B/C4]. Vielleicht erfreut die lieben Kleinen auch ein Besuch in der Meeresausstellung des Museo Alborania 28, auch weil es dort ein paar Mitmachstationen gibt.

Das gibt es nur in Málaga

- *__Ein Restaurant,__ in dem nicht die Kunden nach genauem Studium der Speisekarte individuell bestellen, sondern __in dem die Kellner die Speisen lautstark anpreisend durch die Reihen tragen.__ Hier muss man als Gast schnell sein und rasch die Hand heben, bevor es ein anderer Gast tut. Ein ungewohntes, uriges Schauspiel. Auch ein ziemlich lautes, denn die Kellner verschaffen sich lautstark Gehör. Absolut einmalig, sogar spanienweit (El Tintero II, s. S. 63)!*
- *Ein Picasso-Museum gibt es auch in anderen Städten, in Barcelona beispielsweise, aber in Málaga sind dem genialen Maler sogar zwei Museen gewidmet (siehe 10 bzw. 16).*
- *Den Bewohnern von Málaga wird nachgesagt, dass sie eine __Vorliebe für Spitznamen__ haben und alles und jeden mit liebevollen oder auch leicht bissigen Titeln schmücken. Dabei machen sie auch nicht vor der Kathedrale 6 Halt, die statt geplanter zweier Kirchtürme nur einen hat. Sie nennen sie deswegen „la manquita", was, noch freundlich übersetzt, „die Einarmige" heißt.*
- *Ja, ein wenig mühsam ist es schon, den ansteigenden, kurvenreichen Weg innerhalb der Alcazaba 11 durch die verschiedenen Wehrtore bis zu den ehemaligen Palasträumen hochzuschreiten. Das war auch so gewollt, denn schließlich war die Alcazaba auch eine Festung. Aber der moderne Mensch dachte praktisch, wollte sich nicht immer so abmühen und baute einen Fahrstuhl in den Berg. So kommt man nun sehr viel bequemer nach oben und landet gleich im alten Palast.*
- *Ein __Botanischer Garten als Flanier- und Spazierweg__ entlang einer stark befahrenen Straße lädt zum Entschleunigen ein, nur wenige Schritte außerhalb des quirligen Zentrums. Am Paseo del Parque 24 fühlen sich sogar Papageienpärchen wohl.*

Stadtspaziergang

Dieser Spaziergang führt zunächst durch das kommerzielle Zentrum der Stadt und dann weiter durch die **Altstadt** mit ihren zahllosen Tapa-Bars und kleinen Geschäften. Außerdem werden die wichtigsten Sehenswürdigkeiten der Stadt passiert, bevor der etwa dreistündige Spaziergang nach etwa 4 km wieder am Ausgangspunkt endet.

Startpunkt ist der Anfang der Fußgängerstraße calle **Marqués de Larios** ❶. Durch diese breite Straße kann man sehr entspannt bummeln und die wunderbaren drei- bis vierstöckigen Häuser bewundern. Unten befinden sich meist Modegeschäfte, unterbrochen nur von einigen wenigen Lokalen, u.a. dem alteingesessenen **Café Lepanto** (s.S. 85). Auf der linken Seite befindet sich unter Hausnummer 8 ein winziger Zeitungsladen, praktisch das letzte kleine Geschäft hier, ansonsten sind fast nur noch die großen Namen zu finden. Trotzdem lohnt sich natürlich der eine oder andere Blick in eines dieser Geschäfte, zumal sowohl im Sommer als auch im Frühjahr „Rebajas"-Zeit ist, eine Phase, in der wochenlang nennenswerte Rabatte gewährt werden, also eine Art Winter- bzw. Sommerschlussverkauf stattfindet.

Routenverlauf im Stadtplan

Der hier beschriebene Spaziergang ist mit einer farbigen Linie im Stadtplan eingezeichnet.

Die Fußgängerstraße mündet schließlich in einen großen, weiten Platz, die **Plaza de la Constitución** ❸, das Herz des historischen Zentrums. Dieser Platz existiert seit dem 15. Jh. und trägt seit 1812 seinen aktuellen Namen, als im südspanischen Cádiz erstmals eine Verfassung (span. *constitución*) verabschiedet wurde. 1978 wurde dann nach den langen Jahren der Franco-Diktatur eine neue spanische Verfassung verabschiedet, etwa in Höhe des **Café Central** (s.S. 85) sind die Titelseiten der damaligen größten spanischen Zeitungen in großen silberfarbenen Platten in den Fußboden eingelassen, die genau diese Verfassungsgebung thematisieren. Der Platz wird durch schicke Häuser, einen Brunnen und einige hochgewachsene Palmen geschmückt, außerdem findet sich dort das bewährte Café Central, in dem man **auf zehn verschiedene Arten einen Kaffee bestellen** kann (s.S. 22).

010ma-mux

◁ *Entspanntes Flanieren unter Palmen in Málagas City*

Nun spaziert man einmal diagonal über den Platz und biegt neben einem kleinen Ableger des Kaufhauses „El Corte Inglés“ in die schmale Straße calle Compañía [B3] ein. Diese führt an weiteren kleinen Geschäften und etlichen Bars vorbei, außerdem an der **Iglesia de Santo Cristo de la Salud** aus dem späten 16. Jh., die von Jesuiten gegründet wurde. Einige wenige Schritte weiter steht ein erstes Highlight unter den Museen der Stadt, das **Kunstmuseum Museo Carmen Thyssen Málaga** ❹, untergebracht im historischen **Palacio de Villalón**, einem herrschaftlichen Gebäude aus dem 16. Jh. Es handelt sich bei der Ausstellung um einen Ableger des großen Thyssen-Museums aus Madrid, hier in der Dependance sind hauptsächlich Werke spanischer Maler des 19. Jahrhunderts ausgestellt.

Direkt hinter dem Museum biegt man dann nach rechts in die schmale Gasse **calle Mártires** [B3] ab. Auch hier finden sich einige Geschäfte und Lokale (auf der linken Seite), während rechts der Museumskomplex passiert wird. Man erreicht dann einen kleinen Platz, die **Plaza de los Mártires** mit einer Kirche. Diese ist eine der vier Kirchen, die die Reyes Católicos (s. S. 24) nach der christlichen Eroberung der damals muslimischen Stadt Málaga im Jahr 1487 erbauen ließen. Der Name „Mártires“ (Märtyrer) erinnert an **Círiaco und Paula**, die 303 in Málaga den Märtyrertod starben, weil sie nicht dem christlichen Glauben abschwören und römische Gottheiten anbeten wollten. Sie gelten heute als **Stadtpatrone von Málaga.** Über die Calle Mosquera geht es weiter nach Norden. An der Querstraße calle Nosquera [B3] geht man dann nach rechts und an der folgenden Calle Comedias erneut nach rechts. Spätestens hier hat sich das Ambiente geändert, weg vom schicken Glanz der Fußgängerzone hin zu einer eher **urig-rustikalen Atmosphäre.** Kleine Bars und ebensolche Geschäfte versorgen eher die Bewohner, man wähnt sich sehr weit weg vom touristischen Málaga, obwohl dieses nur wenige Querstraßen entfernt zu finden ist.

An der folgenden Querstraße **calle Santa Lucía** [B3] geht es nach links, so langsam nähert man sich dann wieder der touristischen Zone. Wir biegen dann nach rechts in die schön gestaltete, aber schnell zu übersehende Einkaufspassage **Pasaje Herdia** ab, die schließlich erneut in die **Plaza de la Constitución** ❸ mündet. Diese Passage wurde 1837 eröffnet, sie war damit die erste Einkaufsstraße in Spanien. Außerdem war sie von historischen Gebäuden umgeben. Nach einer Renovierung vor ein paar Jahren hat sie allerdings viel von ihrem Glanz verloren, wenngleich sie immer noch recht schmuck aussieht. Es geht weiter ein kurzes Stück über den Platz grob auf die große spanische Fahne zu, die in Höhe des Café Central weht. Direkt dahinter biegt man dann nach links in die schmale Gasse **Pasaje de Chinitas** ❷ ein. Hier befand sich vor etwa 100 Jahren ein Zentrum des Nachtlebens, denn hier stand u. a. das bei Flamenco-Sängern und -Tänzern sehr beliebte Café de Chinitas, das bereits der Dichter Federico García Lorca (1898–1936) erwähnte. Heute finden sich hier ein paar Lokale und Kellner werben ziemlich offensiv um Kunden. Hier also einmal durchgehen und dann nach rechts in die noch schmalere **calle Fresca** [C4] einbiegen, sie verläuft entlang der Rückseite des **Bischofspalasts** ❽. Am Ende der Gasse geht

012ma-mux

es nach links in die calle Salinas [B/C4], dann ist im Hintergrund bereits die Kathedrale zu erkennen. Dorthin geht es als nächstes, zunächst wird der Vorplatz (Plaza del Obispo) des Bischofspalasts erreicht, von wo aus man sehr schön die Fassade der Kathedrale bewundern kann. Außerdem locken hier Terrassenlokale zum Pausenstopp.

Weiter geht es nach links ein kurzes Stück durch die **calle Molina Lario** [C3/4], man biegt dann nach rechts in die calle Santa María ein und erreicht damit auch den Haupteingang der **Kathedrale** ❻. Gegenüber zweigt die calle San Agustín ab, der nun gefolgt wird. Diese ebenfalls nicht sehr breite Straße ist auch von Lokalen und Geschäften gesäumt und führt am **Museo Picasso** ❿ vorbei, das dem großen, 1881 in Málaga geborenen spanischen Künstler gewidmet ist – allerdings erst 2003, also lange, nachdem es bereits in anderen Städten (u. a. in Barcelona) ein Picasso-Museum gab. Es ist im Palacio Buenavista aus dem 16. Jh. untergebracht, der speziell mit seinen benachbarten Gebäuden für dieses Museum umgebaut wurde. 2005 würdigte das American Institute of Architects die gelungene Umgestaltung mit einem Ehrenpreis. Der weitere Weg führt dann nach rechts durch die calle Granada [B–D3] bis hoch zur Plaza de la Merced. Vorher passiert man eine von außen zunächst ziemlich unscheinbar wirkende Bar (El Pimpi, s. S. 82), die innen deutlich größer und verschlungener ist und ein Klassiker von Málagas Nachtleben darstellt. Kurz dahinter kommt ein Fanshop des örtlichen Fußballklubs FC Málaga und noch ein Stückchen weiter oben steht rechts die **Iglesia de Santiago** ⓮, in der Picasso getauft wurde. Die calle Granada endet schließlich an einer Ampel bei der Straße (calle Álamos) vor der **Plaza de la Merced** ⓯. Erst die Straße, dann diesen Platz einmal queren und die schönen alten Häuser bewundern. Im Frühling blühen die Bäume hier wunderschön violett oder rötlich. Im Zentrum erhebt sich ein Denkmal zu Ehren von **General Torrijos**, eines Freiheitskämpfers, der 1831 in Málaga zusammen mit 48 weiteren Aufständischen hingerichtet wurde (s. S. 104).

Wer den Platz einmal diagonal überquert hat, findet fast am Eckpunkt eine Ruhebank mit der Skulptur eines sitzenden Picasso, heute

Historische Häuser in Málagas Altstadt

ein beliebtes Fotomotiv. Nicht weit dahinter befindet sich im zweiten Stock eines Eckhauses das **Geburtshaus von Picasso** 16, heute ist hier ein kleines Museum untergebracht.

Der weitere Spazierweg führt zunächst zurück über den Platz erneut zur Ampel. Die calle Álamos wird erneut überquert, aber diesmal geht es 100 m zunächst nach links entlang dieser stark befahrenen Straße (auf den unübersehbaren Tunnel zugehen!), bis rechts die **calle Alcazabilla** [D3] abzweigt. Diese Straße ist recht breit und zum Glück auch eine Fußgängerzone, weswegen man hier wieder ziemlich entspannt schlendern kann. Auch hier locken etliche Terrassenlokale und einige Shops, aber es folgen noch weitere großartige Sehenswürdigkeiten.

Auf der linken Seite liegt schließlich das **Römische Theater** 13, direkt dahinter erhebt sich leicht erhöht die alte arabische Festung **La Alcazaba** 11, erkennbar an den wuchtigen Außenmauern, die abends bezaubernd beleuchtet sind. Genau gegenüber dem Römischen Theater befindet sich übrigens die Gartenterrasse des Lokals „El Pimpi“, dessen vermeintlich unscheinbaren Eingang wir vor etwa einer halben Stunde an einer anderen Straße passiert hatten.

Der Weg führt unterhalb der Alcazaba weiter über die Plaza de la Aduana [D4], an der das ehemalige Zollgebäude liegt, in dem heute das große und sehr sehenswerte **Museo de Málaga** 25 eingerichtet ist. Man passiert das Museum seitlich und geht hinunter zur Avenida de Cervantes und überquert anschließend die vielbefahrene und breite Straße **Paseo del Parque** 24. Danach geht es weiter durch einen ganz anderen Teil von Málaga nach links, nämlich durch einen kleinen grünen Park mit exotischen Bäumen und Pflanzen, in dem sogar Papageien den Autoverkehr übertönen. Hier kann man sehr angenehm spazieren, fast wie unter einem grünen Blätterdach. Der Weg endet am großen Kreisverkehr Plaza del General Torrijos mit dem Springbrunnen **Fuente de las Tres Gracias** (s. S. 49). Hier nun nach rechts schwenken, die Straße Paseo de la Curas queren (Ampel), im Hintergrund erkennt man bereits den bunten riesigen Glaskubus, in dem das Kunstmuseum **Centre Pompidou** 29 untergebracht ist. Aber so weit wollen wir gar nicht gehen, sondern gleich nach rechts abbiegen und über eine wunderbare Flanierpromenade direkt am Wasser zurückschlendern.

013ma-jg

› *Der bunte Glaskubus des Centre Pompidou* 29

Sie trägt verschiedene Namen, offiziell heißt sie Paseo de la Pergola, umgangssprachlich wird sie **Muelle Dos** (27) genannt. So oder so, man spaziert hier sehr angenehm unter der gut 500 m langen Dachkonstruktion (Pergola) sogar im Schatten und passiert dabei auch das Meeresmuseum Alborania **Aula del Mar** (28). Am Ende dieser Promenade dann nach halbrechts schwenken, die Straße überqueren und über die breite Plaza de la Marina (23), wo sich auch die **Touristeninformation** (s. S. 116) befindet, zurück zum Ausgangspunkt dieses Spaziergangs gehen, der Fußgängerstraße calle Marqués de Larios (1).

014ma-jg

Erlebenswertes im Zentrum

Das historische Zentrum ist überaus kompakt und überschaubar, alles lässt sich gut zu Fuß erreichen, zumal in den letzten Jahren immer mehr Straßen zu Fußgängerzonen umgestaltet wurden. Es lässt sich also sehr angenehm im Zentrum spazieren. Die zentrale Straße ist die breite calle Marqués de Larios (1), in den abzweigenden Straßen und Gassen finden sich sehr viele Tapa-Bars, Restaurants und kleinere Shops, die wahre Fundgruben zum Stöbern darstellen. Die wichtigsten Sehenswürdigkeiten liegen sehr dicht beieinander, von der Kathedrale (6) zum Picasso-Museum (10) oder zum Museum Carmen Thyssen (4) sind es jeweils nur wenige Schritte. Etwas mühsamer ist der Besuch der alten maurischen Burg Alcazaba (11), da sie an einem Hang „klebt" und der Weg leicht ansteigend ist. Noch anstrengender ist der Aufstieg ganz hoch zum Gibralfaro (12), der noch höher gelegenen alten Festung, von der man einen fantastischen Blick über Málaga und den Hafen genießt. Zum Glück fahren auch Busse nach oben. Wirklich überall im Zentrum finden sich Terrassenlokale zum Verschnaufen und Genießen, einmal den süßen Málaga-Wein zu probieren, gehört hier einfach dazu.

⊳ *Maler in der calle Marqués de Larios* (1)

⊲ *Durch eine Glaspyramie vor dem Römischen Theater* (13) *kann man einen Blick auf archäologische Spuren werfen*

015ma-mux

❶ Marqués de Larios ★★★ [B4]

Die „Larios", wie die Bewohner von Málaga diese breite Straße im Herzen der Innenstadt kurz und bündig nennen, ist noch heute eine wichtige Shopping-Fußgängerzone. Flankiert von einer ganzen Reihe von herrschaftlichen Häusern des 19. Jahrhunderts verbindet sie die zentrale Plaza de la Constitución ❸ mit dem Hafen und der davor liegenden Plaza de la Marina ㉓.

Die Häuser auf beiden Seiten sind in der Regel drei Stockwerke hoch und verfügen über einen Aufsatz. Unten befinden sich Läden oder Lokale. Praktisch alle Häuser sind **an den jeweiligen Straßenkreuzungen** nicht eckig gebaut, sondern **rund**, was auf den **Architekten Eduardo Strachan** zurückgeht, der sich von ähnlichen Häusern aus Chicago inspirieren ließ. Die Straße verfügte bei der Einweihung über 30 Gaslaternen, heute wird sie noch durch historisch anmutende Laternen dezent beleuchtet. Diese schnurgerade Straße existiert seit dem 19. Jh., aber Pläne zur Errichtung einer derartigen Achse gab es schon sehr viel länger. Nach der christlichen Eroberung der Stadt (1487) wollten die neuen Herrscher das arabisch geprägte Stadtbild mit seinen vielen kleinen, engen und wild durcheinander verlaufenden Gassen etwas ordnen. Besonders wichtig war ihnen eine Verbindung vom Hauptplatz, der heutigen Plaza de la Constitución ❸, mit dem Hafen (s. S. 47). Die Idee, eine neue Straße zu bauen, kam frühzeitig auf, aber es dauerte tatsächlich bis Mitte des 19. Jahrhunderts, bis sie realisiert wurde. Ein wichtiger Impulsgeber war der **Marqués Manuel Domingo Larios y Larios**, der beim Bau dieser Straße und vor allem der schönen Häuser links und rechts der Straße sehr reich wurde, da er sich vorher viele Grundstücke sichern konnte. Die nach ihm benannte Straße wurde am 27. August 1891 eingeweiht, seit 2002 ist sie Fußgängerzone. Sie galt schnell als **eleganteste Einkaufsstraße in ganz Andalusien.** Es gab **überregional bekannte Geschäfte** wie das Schmuckgeschäft Joyería Marcos, das u. a. Pendeluhren verkaufte, damals der letzte Schrei für Málagas reiche Fami-

016ma-mux

lien. Oder der Tabakladen Bazar del Fumador, der eine ganze Palette von exotischen Zigarren anbot oder auch die feine Galerie, die im Schaufenster Bilder lokaler Künstler ausstellte und somit die patriotischen Familien ansprach. Und nicht zu vergessen die vielen Cafés, die Sehnsuchtsnamen trugen wie „Pariesién", Inglés" oder „Viena" (Wien). Diese etwas abgehobene Eleganz ist verschwunden, heute findet man hier überwiegend Geschäfte internationaler Modehäuser. Früher waren die Geschäfte sehr durchmischt und von vielen Familienbetrieben geprägt, aber das ist vorbei. Grund ist eine **Gesetzesänderung**, die schon 1995 beschlossen wurde und eine 20-jährige Übergangsfrist vorsah, die aber 2015 auslief. Laut dem Gesetz können **uralte Mietverträge** aufgehoben werden. Einige Geschäfte waren seit Jahrzehnten in Familienbesitz, teilweise drastische Mieterhöhungen folgten (von bis zu 1000 % ist die Rede). Aus diesem Grund mussten viele kleinere Geschäfte aufgeben, einer der letzten, der noch durchhält, ist der **Zeitschriftenladen von Antonio Ferrer** (Hausnummer 8) und gleich nebenan die **Apotheke Mata,** die bereits 1884 gegründet wurde. Ansonsten sind die meisten Geschäfte an internationale Modefirmen vermietet. Die Larios gilt heute als **eine der teuersten Geschäftsstraßen** mit den höchsten Mietpreisen von ganz Spanien, außerhalb von Madrid und Barcelona sogar als die teuerste. Noch heute halten nur zwei Firmen fast 90 % aller Immobilien an der Larios in ihrem Besitz, es sind Nachfahren bzw. deren Vertreter der Gründerväter. Weiterhin finden in dieser Fußgängerstraße auch immer wieder öffentliche **Kunstausstellungen** statt, Info-Tafeln werden präsentiert, das große Sommerfest der **August-Feria** wird zum größten Teil hier gefeiert (s. S. 97) und auch zum **Festival de Cine** (s. S. 95) finden in der Larios Aktionen statt.

△ So leer ist es in der calle Marqués de Larios ❶ selten

❷ Pasaje de Chinitas ★ [B4]

Von der Larios ❶ unweit der Plaza de la Constitución ❸ zweigt eine **schmale historische Gasse** ab. Sie bildet mit einer zweiten, ähnlich kleinen Gasse gleichen Namens eine Art Kreuz, in dessen Zentrum sich ein **kleiner Platz** öffnet. Erschaffen wurde diese kleine Gassenwelt durch Antonio Álvarez, einen Geschäftsmann und Gouverneur von Málaga, der sie auf den Resten eines ehemaligen **Augustinerklosters** anlegen ließ. Von diesem Kloster ist nur noch der Eingangsbereich zur heutigen Plaza de la Constitución erhalten. An diesem Ort entwickelte sich schnell ein Zentrum des Nachtlebens mit dem damals berühmten **Café de Chinitas,** in dem zwischen 1857 und 1920 die bekanntesten Flamencosänger jener Zeit auftraten. Das Café Chinitas hieß ab 1920 Salón Royal, wandelte sich mehr zu einem Cabaret und schloss 1937. Nach dem Café Chinitas ist heute das kleine bauliche Ensemble benannt, in dem sich noch immer einige Lokale befinden. Offiziell hieß diese Zone sehr lange nach ihrem Bauherrn „Pasaje de Álvarez", ältere Bewohner der Stadt werden dies noch wissen, seit 1962 wird sie offiziell als Pasaje de Chinitas bezeichnet.

Im Schnittpunkt der beiden Gassen befindet sich etwa in fünf Meter Höhe ein kleines Schild an der Hauswand, auf dem ein Satz des Dichters Federico García Lorca über den Torero Paquiro zitiert wird, bei dem das Café Chinitas eine Rolle spielt. Das Café de Chinitas lag ebenfalls im ersten Stock dieses Hauses und war nur über eine Treppe zu erreichen. Diese kleine Zone strahlt noch ein wenig **andalusischen Charme** aus, den man durch historische Gaslaternen und schmiedeeiserne Gitter vor den Fenstern der gedrungenen Häuser verstärkt hat.

3 Plaza de la Constitución ★ [B3]

Die große Plaza de la Constitución wurde früher „Hauptplatz" (Plaza Mayor) genannt, bis sie 1812 ihren heutigen Namen erhielt. Zu arabischen Zeiten befand sich hier ein **Markt**, nach der christlichen Eroberung wurden recht rasch weltliche und christliche Würden- sowie Entscheidungsträger angesiedelt.

Die Bedeutung des Platzes wurde noch unterstrichen, da hier **Stierkämpfe** abgehalten wurden, religiöse Prozessionen stattfanden (noch heute führen die Osterprozessionen aus der calle Marqués de Larios 1 kommend hier vorbei und biegen in die calle Granada ab) und wichtige Proklamationen verkündet wurden. Heute geht es hier ziemlich entspannt zu, ein netter Springbrunnen befindet sich hier, **Palmen** wachsen vor den **schicken Häusern** und das **Café Central** (s. S. 85) lädt mit seiner großen Terrasse förmlich zu einer Pause ein.

Der **Springbrunnen** steht nicht im Zentrum des Platzes, sondern mehr am Rande, weil man die große Fläche der Plaza bei den vielen Feierlichkeiten zum Aufbau von Tribünen, Festzelten u. Ä. so besser nutzen kann. Der Brunnen im Stil der italienischen Renaissance ist aus Marmor, er trägt den Namen **Fuente de Génova** („Brunnen aus Genua") und stammt aus dem 16. Jh. Erschaffen wurde er wahrscheinlich tatsächlich in Genua, was aber nicht zweifelsfrei belegt ist.

Die **Häuser am Platz** stammen überwiegend aus dem späten 19.

017ma-mux

Springbrunnen an der Plaza de la Constitución

EXTRATIPP

Zehn Arten, einen Kaffee zu bestellen

Das Café Central (s. S. 85) entstand um 1940 und war eines von vielen Cafés an der heutigen Plaza de la Constitución 3. In den Jahren nach dem Bürgerkrieg fehlte es oft an vielen Dingen, auch an Milch und Kaffee. Ärgerlich, wenn man dann als Wirt einen Kaffee zubereitet und der Kunde hinterher herumnörgelt, er hätte doch lieber etwas mehr Milch. Oder gar etwas weniger. Wie damals eigentlich überall üblich zeigte man mit dem Finger die Menge an, die man mehr oder weniger Milch haben wollte. Den Besitzer des Café Central ärgerte das so sehr, dass er eine Lösung fand: verschiedene Arten von Milchkaffee, jeweils mit immer etwas mehr Milch. Insgesamt schlug er neun verschiedene Mischungsverhältnisse vor und gab jedem einen Eigennamen. Damit auch jeder Gast wusste, was gemeint war, malte er die Gläser (keine Tassen!) mit dem jeweiligen Kaffee-Milch-Mischungsverhältnis auf ein Plakat und hängte es auf. Das war die Lösung, aber das Plakat sah etwas unrund, nicht recht vollendet aus, denn 9 wirkte nicht so wie 10. Eine zehnte Variante fehlte ganz einfach. Aber alle Mischungsverhältnisse waren ausgereizt. Bis ein Kellner halb im Scherz vorschlug: „Nenn' es doch ‚No me lo ponga' (Stellen Sie es mir nicht hin) und gib überhaupt keinen Kaffee ins Glas, nur Milch". Gesagt, getan und noch heute steht „No me lo ponga" auf dem berühmten Kachelbild, das im Café Central an der Wand hängt. Diese zehn Varianten sind mittlerweile in ganz Málaga bekannt und können in den meisten Cafés auch so geordert werden:

- **Una Nube** („eine Wolke") ist ein Glas Milch mit sehr wenig Kaffee.
- **Una Sombra** („ein Schatten") hat schon einen etwas größeren Kaffeeanteil, etwa einen Fingerbreit.
- **El Corto** („der Kurze") hat einen Kaffeeanteil von etwas weniger als 50 %.
- **Un Semi corto** („ein Halb-Kurzer") hat vielleicht 40 % Kaffee-Anteil.
- **La Mitad** („die Hälfte") besteht hälftig aus Kaffee und Milch.
- **El Entre Corto** („der Zwischen-Kurze") hat einen Kaffeeanteil von etwas mehr als 50 %.
- **El Semilargo** („der Halblange") hat etwa 80 % Kaffee-Anteil.
- **El Largo** („der Lange") hat kaum noch Milch.
- **El Solo** („der Einzige") hat überhaupt keine Milch mehr.
- Und dann gibt es eben noch das Glas Milch, genannt **No me lo ponga.**

018ma-mux

und frühen 20. Jahrhundert. Auffällig ist das Gebäude mit der Hausnummer 9, da sich ganz oben eine große Uhr befindet, die früher für viele Menschen die einzige öffentlich einsehbare Uhr im Stadtzentrum war. Zwei Gebäude sind älteren Datums, sie stehen unmittelbar nebeneinander an der Einmündung zur calle Compañía. Das ältere von beiden stammt aus dem Jahr 1607 und war früher ein **Jesuitenkolleg**, heute hat hier das Ateneo de Málaga seinen Sitz, eine gesellschaftliche Institution zur Pflege der Kunst. Die Jesuiten unterhielten hier eine Schule, bis sie 1767 aus

Spanien vertrieben wurden. Danach war im Gebäude eine nautische Schule untergebracht und ab 1850 hatte hier die Königliche Gesellschaft der Schönen Künste ihren Sitz, die u. a. auch eine Kunstschule betrieb. Ab 1914 war dann auch noch das erste Museo Provincial de Bellas Artes (Museum der Schönen Künste) dort untergebracht, das heute im Museo de Málaga 25 integriert ist. Gleich nebenan steht das barocke Gebäude **Casa del Consulado** aus dem Jahr 1785, in dem heute die „Gesellschaft der Freunde des Landes" sitzt, die früher eine Art Hilfsgemeinschaft für Landarbeiter war. Das Portal wird von zwei Marmorpilastern flankiert, über dem Eingang hängt ein steinernes Wappen mit dem Sinnspruch „Socorre al diligente, niega al perezoso" (etwa: Hilf dem Fleißigen, nicht dem Faulenzer).

Wer genau hinschaut, sieht auf dem Boden unweit des unübersehbaren Cafés Central (s. S. 85) die Nachbildung von sechs Titelseiten spanischer Tageszeitungen vom 7. Dezember 1978, die über die Verabschiedung der spanischen Verfassung berichteten.

4 Museo Carmen Thyssen ★★ [B3]

Nur wenige Schritte neben der Plaza de la Constitución 3 befindet sich in einem sehr schönen historischen Haus aus dem 16. Jahrhundert, dem Palacio de Villalón, diese außergewöhnliche Kunstsammlung.

In Madrid steht das Hauptmuseum der Sammlung Thyssen-Bornemisza, hier in Málaga werden insgesamt **230 Werke spanischer Künstler aus dem 19. Jahrhundert** ausgestellt, darunter auch etliche andalusische. Die zumeist kostumbristischen Bilder zeigen das Leben im spanischen Süden vor etwas mehr als 100 Jahren, was gelegentlich vielleicht etwas zu idealisiert dargestellt wurde, aber im Ganzen doch einen sehr eindrucksvollen Einblick gewährt. Dargestellt sind sowohl Alltagsszenen wie Marktgesche-

EXTRATIPP

Gleich nebenan: Iglesia del Sagrado Corazón

Neben dem Museum steht an der Plaza de San Ignacio de Loyola die Kirche Iglesia del Sagrado Corazón. Sie wurde 1920 im Auftrag der Jesuiten unter Anleitung des Architekten Fernando Guerrero Strachan im neugotischen Stil erbaut. Er nahm sich die gewaltige Kathedrale von Toledo als Vorbild und fügte ebenfalls islamische Elemente in seinen Kirchenbau ein. Das reich geschmückte Hauptportal wird von einer großen Rosette dominiert und von zwei Kirchtürmen flankiert. Innen hat die dreischiffige Kirche den Grundriss einer Basilika, getragen wird sie von einem Rippengewölbe. Sie wirkt insgesamt recht hell und auch etwas schmucklos, wodurch aber bestimmte Elemente wie der Altarbereich und die achteckige Kuppel mit den schönen Glaskunstfenstern besonders zur Geltung kommen.

★1 [B3] **Iglesia del Sagrado Corazón,** geöffnet: Mo.–Sa. 7.20–13, So. 10.30–13.30 Uhr

019ma-jg

KURZ & KNAPP

Die katholischen Könige – Los Reyes Católicos

In der langen Liste der spanischen Könige nehmen das Herrscherpaar Isabel I. von Kastilien (1451–1504) und ihr Ehemann Fernando II. von Aragón (1452–1516) eine Sonderstellung ein. Mit deren Heirat im Jahr 1469 kamen zwei der mächtigsten und größten Königshäuser auf der Iberischen Halbinsel zusammen. Ansonsten regierten mehrere lokale Fürsten oder Könige und im Süden seit vielen Jahrhunderten muslimische Herrscher. Die sogenannte „Reconquista", also die Rückeroberung von muslimischen Orten durch christliche Heere, zog sich schon seit Jahrhunderten hin (seit 722) und ging äußerst zäh voran. Fernando und Isabel wollten diese Rückeroberung im Namen der Christenheit aber unbedingt zu Ende führen und bekamen dazu vom Papst den Beinamen „Katholische Könige" (span. Reyes Católicos) verliehen. Tatsächlich gelang ihnen 1492 mit der Eroberung von Granada die Beendigung der muslimischen Herrschaft in Spanien, seitdem wird der Begriff „Reyes Católicos" in Spanien ausschließlich für dieses Königspaar verwendet, er wird auch gelegentlich in diesem Buch auftauchen, da Málaga am 18. August 1487 ebenfalls von ihnen erobert wurde.

hen, Fischer am Strand, Männer in der Weinschänke, das bunte Treiben beim Karneval oder auch Osterprozessionen. Sehr eindrückliche Stierkampfszenen hängen neben verträumten Landschaftsbildern und immer wieder bildet das Meer ein Motiv. Die Bilder zeigen das Alltägliche und kaum Porträts von hochgestellten kirchlichen oder weltlichen Würdenträgern, sodass der Besuch auch ein wenig zur Zeitreise wird.

Bekannteste Künstler sind u.a. **Ignacio Zuloaga** und **Francisco de Zurbarán**, **Mariano Fortuny** und **Joaquín Sorolla**, die auch spanienweit Erfolge feierten. Es werden aber auch Werke von mehreren Dutzend weiterer Künstler ausgestellt, hauptsächlich andalusischer. Die Exponate verteilen sich auf drei Etagen und die Ausstellung wird modern und insgesamt äußerst ansprechend präsentiert. Auch der **Museumsshop** ist gut bestückt, das Angebot übersteigt das sonst Übliche.

› c/ Compañía 10, Tel. 902303131, www.carmenthyssenmalaga.org, geöffnet: Di.–So. 10–20 Uhr, Eintritt: 6 €, mit Wechselausstellung 9 €, nur Wechselausstellung 4,50 €, So. nach 17 Uhr freier Eintritt

5 Iglesia de los Santos Mártires ★ [B3]

Diese Kirche zählt zu den vier Gotteshäusern, die die Reyes Católicos (siehe links) nach der christlichen Eroberung der Stadt im Jahr 1487 erbauen ließen. Baubeginn war 1491, das Gotteshaus entstand nicht auf den Resten einer Moschee, wie es seinerzeit üblich war, sondern wurde nach der einer großen Spende seitens der spanischen Königin Isabel vollkommen neu gebaut. Sie wirkt von außen etwas schlicht, strahlt aber im Inneren eine sehr **schöne, fast schon überbordende Pracht** aus. Die Kirche ist den Schutzheiligen von Málaga gewidmet, dem heiligen Ciriaco und der heiligen Paula, die beide im Jahr 303 in Málaga den Märtyrertod starben. Die Kirche musste nach einem Brand, einem Erdbeben und nach Kriegsschäden mehrfach umgebaut und renoviert werden. Sie veränderte dadurch auch ihren Stil. Ursprünglich

020ma-mux

war sie im gotischen Mudéjar-Stil gehalten, heute zeigt sie sich vor allem im Innern als schönes Beispiel des **Rokokos**, die Kapellen sind teilweise sehr ausladend im Barockstil gehalten. Die Kirche ist Sitz von fünf Bruderschaften der Semana Santa, der Osterwoche (s. S. 96).

› Plaza Mártires 1, geöffnet: Mo.-Sa. 9.30-13.30, 18-20.30, So. 11-14 Uhr

6 Catedral de la Encarnación ★★★ [C4]

Die Catedral de la Encarnación steht mitten im Zentrum von Málaga fast ein wenig beengt zwischen den Gassen. „Manquita" (die Einarmige) wird sie auch genannt, da dem rechten Turm der Aufsatz fehlt.

Kurz nach der christlichen Eroberung der Stadt am 18. August 1487 wandelte man zunächst die damalige **Haupt-Moschee** in eine Kirche um. Die Moschee war von beachtlicher Größe, ein zeitgenössischer Reisender berichtete, dass der Gebetsraum von 113 Marmorsäulen getragen wurde. Dieser große Raum sollte nun in eine **christliche Kathedrale** umgestaltet werden, das **Minarett** wurde zum **Kirchturm.** Der riesige Raum sollte genutzt, aber umgestaltet werden, an die Seiten sollten hinter den Säulen Kapellen gesetzt werden und der Altarbereich sollte mit dem Chor den Innenraum dominieren. 1518 begannen die Bauarbeiten. Finanziert wurde der Bau u. a. aus Steuern, die auf den Handel mit Wein, Öl und Rosinen erhoben wurden. Das Geld floss aber eher spärlich, was immer wieder zu baulichen Verzögerungen führte. Die Zeit verging, die Baumeister wechselten und damit auch die Baustile. Erst 1782 waren die Bauarbeiten beendet.

Die Kathedrale hat gewaltige Dimensionen: 117 m Länge, 72 m Breite und 41,79 m Höhe. Raumgreifend und optisch dominant sind vor allem die mächtigen **Säulen.**

⌃ *Die Kathedrale hat nur einen vollständigen Turm*

Beim Betreten der Kirche fällt zunächst die große und schmuckvolle **Hauptkapelle** auf. Sie ist halbgeöffnet und wird von wuchtigen Säulen begrenzt, sie wurde zwischen 1550 und 1580 erbaut und mit Skulpturen und Gemälden geschmückt. Im Zentrum steht ein neoklassischer Tabernakel aus Marmor aus dem Jahr 1859. Zu beiden Seiten befinden sich Kanzeln aus rotem Marmor, die zwischen 1674 und 1677 entstanden.

Künstlerisch herausragend ist das **Chorgestühl im Mittelschiff** aus dem 17. Jh. mit 42 handgeschnitzten Abbildungen von Heiligen aus Zedernholz und Mahagoni. Auch diese Arbeiten zogen sich in die Länge und wurden in drei Etappen realisiert. 1633 beauftragte man Luis Ortiz de Vargas, der zwischen 1633 und 1638 den Grundaufbau anfertigte. Sein Vertrag lief über acht Jahre, aber da es zu Ärgernissen mit seiner Werkstatt kam, musste er vorzeitig aufhören. Ihm folgte José Micael Alfaro, der bis zu seinem Tod 1650 an dem Projekt arbeitete. Nach dessen Ableben führte Pedro de Mena die Arbeiten ab 1658 fort und stellte das Chorgestühl bis 1662 fertig.

021ma-hj

Der **Chor** weist zwei gewaltige Orgeln auf, die zwischen 1779 und 1781 von Julián de la Orden gebaut wurden und über 4000 Pfeifen zählen.

Auch **das Deckengewölbe** ist prachtvoll verarbeitet, genau wie die **Fenster mit ihren prächtigen Glasmalereien**, die alle 1880 hergestellt wurden. In den **15 Seitenkapellen** befinden sich einige wertvolle **Gemälde**, beispielsweise hängt in der **Capilla del Rosario** ein Bildnis von Alonso Cano (1665) und in der **Capilla de la Purísima Concepción** befindet sich ein Bildnis, das Claudio Coello zugeschrieben wird, was aber nicht ganz sicher ist. In der **Capilla de Nuestra Señora de los Reyes** sind **Skulpturen der Reyes Católicos** („Katholische Könige", wie das spanische Königspaar Ende des 15. Jh. genannt wurde, s. S. 24) beim Gebet zu finden, erschaffen 1681 von Pedro de Mena. In dieser Kapelle dominiert optisch aber das gewaltige Bildnis von der Enthauptung des heiligen Paulus, erschaffen von Enrique Simonet (1887). In der **Capilla de Santa Bárbara** befindet sich der älteste Altar der Kathedrale aus dem Jahr 1524. In der **Capilla de la Encarnación** stehen zwei **Marmorskulpturen**, die den Erzengel Gabriel und die Jungfrau Maria zeigen. Beide werden von den Schutzpatronen der Stadt flankiert, San Ciriaco und Santa Paula.

Im oberen Stockwerk beim Ausgang kann ein kleines Museum besichtigt werden. Ausgestellt sind sakrale Skulpturen und Gemälde.

› c/ Molina Lario 9, geöffnet: Mo.–Fr. 10–20, Sa. 10–18.30, So. 14–18.30 Uhr, Eintritt: 6 €, Mo.–Do. 9–10 Uhr freier Eintritt

7 Iglesia del Sagrario ★ [C4]

Diese Kirche steht unmittelbar neben der Kathedrale 6 und wird durch den Kathedral-Garten erreicht. Sie wurde ebenfalls ab 1488 als eine von vier Kirchen auf Anordnung der spanischen Könige nach der Eroberung der Stadt Málaga errichtet. Das Gotteshaus entstand neben der alten Moschee, aber die Bauarbeiten wurden 1525 eingestellt und erst sehr viel später wieder aufgenommen. Erst im 18. Jh. wurde das Gebäude vollendet. Damals aber war der ursprüngliche Bau schon wieder beschädigt, sodass man das Gebäude gleich abreißen und neu bauen musste.

Besonders bemerkenswert ist das **Haupttor zur Calle Santa María**, das im Stil der Isabellinischen Gotik erschaffen wurde. Es zählt zu den ältesten Teilen des Kathedralkomplexes und wurde wahrscheinlich 1498 fertiggestellt. Oben befinden sich die Abbildungen von Kardinal Mendoza und dem Beichtvater der spanischen Königin Isabel la Católica, Hernando de Talavera. Im Inneren ist der **vergoldete Altaraufsatz** herausragend, der mit seinem Figurenreichtum im plateresken Stil um 1500 ursprünglich für eine andere Kirche erschaffen wurde, 1944 dann aber hierher gebracht wurde.

Weiterhin schmücken mehrere **Gemälde** den Innenraum, sie stammen zumeist aus dem 17. Jh., genau wie die Kanzel aus rotem Marmor.

› c/ Santa María 22, geöffnet: Mo.–Fr. 10.15–12.15 und 18–19, Sa. 10.15–12.15, So. 9.30–13.30 Uhr

◁ *Der Altarbereich in der Kathedrale 6*

KURZ & KNAPP

Plateresker Stil

Kennzeichnend ist eine reichhaltig verzierte Arbeit, die sehr feine und kleinteilige Elemente enthält, ähnlich wie feine Muster an Silberschmiede-Schmuckstücken oder auf Messern. Auch gab es sehr schöne, fein ziselierte Muster (mehrfach gefaltetes und immer wieder mit einem Hammer geschlagenes Metall). Die Arbeiten wurden früher oft von Muslimen angefertigt. „Plateresk" trägt den Wortstamm *plata* (Silber) bzw. *Platero* (Silberschmied) in sich, daher der übernommene Begriff für plateresk (auf Spanisch: *plateresco*).

Isabellinische Gotik

Der Begriff bezeichnet eigentlich nur einen bestimmten zeitlichen Rahmen, der sich auf die spanische Königin Isabel (Ende 15. Jh.) bezieht. Es handelt sich um die Frau von Fernando, beide wurden auch Reyes Católicos genannt (s. S. 24). Der Begriff wird meist auf Bauwerke (Portal von Kirchen) angewandt, Werke der Isabellinischen Gotik zeichnen sich durch eine gewisse Verspieltheit im Muster aus.

8 Palacio Episcopal (Bischofspalast) ★ [C4]

Dieser Bischofspalast aus dem 16. bis 18. Jahrhundert steht genau gegenüber der Kathedrale 6 an der Plaza Obispo 6 und besteht eigentlich aus **drei unterschiedlichen Gebäuden**, die zu einem Komplex zusammengefügt wurden. Der barocke Palast ist in auffälligem Ockergelb und Zinnoberrot gehalten, bei Sonneneinstrahlung leuchten die Farben auffällig.

Der Teil in der calle Santa María 20 stammt aus dem 16. Jh. (heute eine Art Alterssitz für Priester), der Haupt-

022ma-mux

teil an der Hausnummer 18 wurde im 16. Jh. gebaut. An der Plaza Obispo steht das **Hauptgebäude** mit dem Sitz des Prälaten, es wurde im 18. Jh. erbaut. Der pittoreske Bau verfügt über eine außergewöhnliche Fassade mit einem barocken Portal aus Marmor in Rosa, Weiß und Grau sowie einer steinernen Skulptur der Virgen (Jungfrau) de las Angustias.

Der Gebäudekomplex gruppiert sich um **zwei Innenhöfe**, einer davon bleibt dem Wohnbereich des Bischofs vorbehalten, der andere, der zur Plaza del Obispo weist, ist für die Öffentlichkeit zugänglich. Baulich bemerkenswert ist auch die weit geschwungene Treppe, die zur oberen Etage führt und darüber das Kuppelgewölbe mit der Deckenmalerei „Triunfo de la Eucaristía" (Triumph der Eucharistie).

Mehrere Räumen werden derzeit als Ausstellungsbereich genutzt. Im unteren Bereich ist eine **Afrika-Sammlung** zu sehen, die Gegenstände zeigt, die zum Handel oder Tausch genutzt wurden. Weiterhin befindet sich hier das **Diözesanmuseum** mit der Ausstellung „Ars Sacra", die einige Kunstwerke wie Gemälde und Skulpturen aus dem 15. bis 18. Jh. chronologisch geordnet in drei Räumen zeigt, darunter auch Werke von Pedro de Mena. Weiterhin befindet sich dort eine kleine Kapelle mit dem großformatigen Bildnis der Virgen de las Ánimas aus dem 17. Jh. von Juan Niño de Guevara. Die obere Etage wird für **Wechselausstellungen** genutzt. Ergänzend besucht werden kann noch der begrünte **Innenhof** mit Springbrunnen, Palmen, Apfelsinenbäumen und einer Nische, die mit Delfter Kacheln geschmückt ist.

› Plaza Obispo 6, Tel. 952221835, Eintritt: 5 €, geöffnet: ab 10.30 Uhr bis mindestens 19 Uhr, je nach Jahreszeit

Der Bischofsalast 8 *mit seinem barocken Portal*

9 Museo Revello de Toro ★★ [C4]

Hier wird eine kleine, aber feine Ausstellung zum Leben und Werk des aus Málaga stammenden **Malers Félix Revello de Toro** (1926 geboren) gezeigt, ausgestellt obendrein in einem **bemerkenswerten Haus**, einem der wenigen erhalten Wohnhäuser in Málaga mit einem schönen Innenhof aus dem 17. Jahrhundert. In diesem Gebäude lebte und arbeitete der geniale Holzschnitzer **Pedro de Mena** (1628–1688). Das Haus ließ er 1679 bauen, um hier mit seinen Helfern im Erdgeschoss eine Werkstatt zu betreiben, während er im oberen Bereich wohnte. Er schuf etliche großartige Werke, nicht nur in der Kathedrale von Málaga 6, sondern beispielsweise auch in der Kathedrale von Toledo. Dort ist eine Figur von Franz von Assisi von ihm zu sehen, für das Madrider Kloster Monasterio de las Descalzas Reales schuf er die Mater-Dolorosa-Skulptur. Weiterhin fertigte er für die Kathedrale von Málaga und für die von Granada jeweils die Figurengruppe der betenden Reyes Católicos an.

Er betätigte sich aber auch in kritikwürdigen Feldern wie dem Sklavenhandel und wirkte bei der Inquisition mit, Letzteres hatte u. a. zur Folge, dass er von Steuerzahlungen befreit war. Dies alles zeigt ein etwa 10-minütiger Film, der das Werk und Leben von Pedro de Mena im zeitgenössischen Kontext schildert.

Die **Ausstellung Revello de Torro** zeigt etwa **100 Werke des Malers aus Málaga**, vor allem Ölgemälde, Skizzen oder Zeichnungen. Besucher erhalten einen gut konzipierten Audioguide als Begleitung durch die Ausstellung. Revello war vor allem ein Meister im Erstellen von Porträts, seine Frauenbildnisse sind von fast schon fotografischer Genauigkeit und erkennbar mit viel Liebe zum Detail und Zuneigung angefertigt. Im unteren Bereich sind Bilder von Alltagsgegenständen, Familienporträts oder Stillleben gezeigt. In den Räumen 3 und 4 im ersten Stockwerk sind Frauenbilder ausgestellt, die teils elegant, teils mit erotischen Anklängen wirken. Ganz oben in den Räumen 5 und 6 sind Zeichnungen und Skizzen ausgestellt sowie eines seiner Hauptwerke, seine in Weiß gekleidete schlafende Frau. Weiterhin gibt es einen Raum für Wechselausstellungen, in dem eine Ausstellung von Plakaten zu nichtreligiösen Festen in Málaga zu sehen ist, entworfen ebenfalls von Revello de Toro.

› C/ Afligidos 5, Tel. 952062069, www.museorevellodetoro.net, Eintritt: 2,50 €, geöffnet: Di.–Sa. 10–20, So. 10–14 Uhr, So. freier Eintritt

023ma-mux

› *Málaga ehrte Pedro de Mena zu dessen 300. Geburtstag*

10 Museo Picasso Málaga ★★★ [C3]

Das Picasso-Museum befindet sich in einem andalusischen Palast aus dem 16. Jh., dem Palacio de Buenavista. In einer Dauerausstellung werden über 200 Gemälde, Skulpturen und Keramiken aller Stilrichtungen aus dem gesamten Leben des Künstlers gezeigt, die dem Museum zum größten Teil von Picassos Nachkommen als langfristige Leihgaben überlassen wurden.

Obwohl Picasso 1881 in Málaga geboren wurde, tat sich die Stadt lange schwer, ihrem bekanntesten Sohn ein Museum zu widmen. Es wurde auf Betreiben der andalusischen Regionalregierung und von Mitgliedern der Familie Picasso initiiert und am 27. Oktober 2003 eröffnet, lange nachdem es bereits Picasso-Museen in Barcelona oder Paris gab.

024ma-mux

Das Picasso-Museum Málaga ist im **Palacio de Buenavista** untergebracht, einem Palast aus dem 16. Jh. Erbaut wurde er von Diego de Cazalla, der als Zahlmeister der Armee und Flotte eine hohe Stellung am Königshof innehatte und der auch an der Eroberung der Stadt 1487 unter den Reyes Católicos (s. S. 24) beteiligt war. Bis ins 19. Jh. wurde der Palast zunächst als Familiensitz genutzt und dann an die Stadt verkauft. Das Gebäude wurde unter eine Art Denkmalschutz gestellt und bereits einmal als Museum genutzt, es war von 1961 bis 1997 Sitz des Kunstmuseums Museo de Bellas Artes, übrigens seinerzeit eröffnet durch den spanischen Diktator Franco. Heute ist dieses Museum in das Museo de Málaga 25 integriert.

Neben diesem Palast kaufte die andalusische Regionalregierung mehrere herabgewirtschaftete Häuser in der unmittelbaren Nachbarschaft, sodass insgesamt eine Fläche von 8000 m² für das Museumsprojekt zusammenkamen. Dieser Komplex wurde gründlich restauriert und für museale Zwecke umgestaltet. Das heutige Museumsgebäude hat außen eine schlichte, moderne Fassade, wenngleich die wuchtigen Mauern des alten Palastes noch erkennbar sind. Das Gebäude verfügt über drei Stockwerke, neben der eigentlichen Ausstellung sind hier noch eine umfangreiche **Picasso-Bibliothek** und **Forschungsräume** untergebracht. Außerdem befinden sich unten eine **Cafetería** und ein **gut bestückter Buchladen**, der sich auf Picasso spezialisiert hat und der auch unabhängig

Das Picasso-Museum befindet sich in einem Adelspalast

Pablo Picasso

024ma

Pablo Ruiz Picasso (1881–1973) wurde am 25. Oktober 1881 in Málaga geboren. Pablos Vater arbeitete als Lehrer an einer Kunstgewerbeschule, als Konservator in einem Museum und nebenbei als Künstler, sodass der kleine Pablo schon sehr früh als Kind mit Kunst und Künstlern in Kontakt kam, zumal ihn sein Vater gelegentlich mit in seine Schule nahm und auch erste Techniken beibrachte.

Pablos erstes bekanntes Werk entstand 1889, also im Alter von acht Jahren, es zeigt eine Stierkampfszene und trägt den Titel „El Picador amarillo" („Der gelbe Lanzenreiter"). 1891 zog die Familie nach A Coruña im nordwestlichen Spanien, da Pablos Vater dort eine Stelle als Kunstlehrer bekam. 1895 zog die Familie erneut um, diesmal nach Barcelona. Pablo begann eine Ausbildung an der Kunstakademie und arbeitete nebenbei in einem eigenen Atelier, das sein Vater ihm einrichtete. Pablo kam nun auch stärker mit anderen Künstlern in Kontakt und hatte 1900 seine erste Einzelausstellung im noch heute existierenden Künstler-Restaurant Els Quatre Gats. Im gleichen Jahr reiste er erstmals nach Paris und kam mit der dortigen Kunstszene in Kontakt. Zu jener Zeit entstanden Bilder, die einen blauen Farbstich hatten, diese Phase gilt heute als die „blaue Periode" in seinem Schaffen.

Picasso kehrte zunächst zurück nach Spanien, allerdings nicht für lange Zeit, denn immer wieder zog es ihn nach Paris und ab 1904 verlegte er seinen Lebensmittelpunkt in die französische Hauptstadt. Die ersten Jahre waren finanziell eher bescheiden, aber Picasso konnte dennoch einige Bilder verkaufen. In dieser Phase ab 1905 dominierte in seinen Bildern die Farbe Rosa, sodass später von Picassos „Rosa Periode" gesprochen wird. 1907 schuf Picasso eines seiner bekanntesten Werke, Les Demoiselles d'Avignon (die Frauen von Avignon). Im Museo Casa Natal de Picasso (16) in Málaga sind mehrere vorbereitende Skizzen ausgestellt. Diese Arbeit zeigte bereits kubistische Ansätze, eine Stilrichtung, die Picasso in den nächsten Jahren immer stärker verfolgte.

In den folgenden Jahren wurde Picasso immer bekannter und konnte seine kubistischen Werke auch im Ausland ausstellen und verkaufen. Ab 1918 hatte er durch den Kunsthändler Paul Rosenberg einen festen Abnehmer seiner Werke, was ihm finanzielle Sicherheit brachte. In dieser Phase experimentierte Picasso mit fremden Materialien, er modellierte Skulpturen oder versuchte andere Techniken und Formsprachen, u. a. den Surrealismus. Privat hatte Picasso teilweise große Probleme, da er als verheirateter Mann mehrere Affären hatte.

Als in Spanien der Bürgerkrieg ausbrach, erschuf Picasso 1937 als Auftragsarbeit das Anti-Kriegsbild „Guernica", das die Bombardierung eines kleinen baskischen Dorfes durch deutsche Flugzeuge thematisiert und heute vielleicht als das bekannteste Anti-Kriegsbild gilt. Es ist heute im Madrider Kunstmuseum Reina Sofía ausgestellt. Picasso stellte sich mit diesem Bild gegen den späteren Diktator Franco. Als Nazi-Deutschland schließlich Frankreich besetzte, durfte Picasso nicht mehr ausstellen, er überlebte die Jahre bis 1944, als die Deutschen wieder abzogen, in Paris in innerer Emigration.

Ab 1948 lebte er dann verstärkt in Südfrankreich. Ein Jahr später entstand ein weiteres Meisterwerk, die mit wenigen Strichen gezeichnete weiße Taube mit Palmenzweig im Schnabel, die er für die Weltfriedenskonferenz 1949 schuf. Als am Vorabend des Kongresses (am 19. April) seine Tochter geboren wurde, nannte er sie „Paloma", das spanische Wort für „Taube". Während der langen Franco-Zeit lebte Picasso überwiegend in Südfrankreich. Er weigerte sich, spanischen Boden zu betreten, solange Franco lebte. Zwei Jahre vor dem Diktator starb Picasso 1973. Einen großen Teil seiner Werke bekamen das Picasso-Museum in Barcelona und das Picasso-Museum in Paris. Das Museo Picasso in Málaga ❿ *wurde erst 2003 eröffnet, seinen Grundstock bilden Bilder aus dem Bestand von Christine Ruiz-Picasso, der Witwe von Picassos erstgeborenem Sohn Paulo, und ihrem eigenen Sohn Bernard, sie überließen dem Museum einen erheblichen Teil ihrer Privatsammlung.*

von einem Museumsbesuch betreten werden kann. Während der Umbauarbeiten stieß man auf **archäologische Überreste aus der Zeit der Phönizier, Römer und Araber**, diese Funde sind heute in das Gebäude integriert und können im Untergeschoss besichtigt werden.

Die Ausstellung

Ausgestellt sind **über 200 Werke aller Stilrichtungen und Techniken**, darunter Gemälde, Skulpturen und Keramiken. Christine Ruiz-Picasso, Witwe von Picassos erstgeborenem Sohn Paulo, und ihr Sohn Bernard überließen dem Museum einen erheblichen Teil ihrer Privatsammlung für sehr lange Zeit, ein kleinerer Teil gehört außerdem dem Museum selbst. Aus diesem breiten Fundus wird nun ein sehr weiter zeitlicher Bogen von Picassos frühen Studien und Versuchen bis zu den letzten Arbeiten kurz vor seinem Tod 1973 gespannt. Es finden sich Werke wie ein frühes, eher kindliches Porträt seiner Schwester, das Picasso mit 15 Jahren malte, aber auch das surrealistische Werk „Cabeza de Hombre" (Kopf eines Mannes, 1972), eines seiner letzten Werke. Zudem gibt es **regelmäßig wechselnde Ausstellungen** mit unterschiedlichen thematischen Schwerpunkten, die ebenfalls Picasso gewidmet sind.

› c/ San Agustín 8, Tel. 902443377, www.museopicassomalaga.org/de, geöffnet: März–Juni und Sept./Okt. tägl. 10–19 Uhr, Juli/Aug. tägl. 10–20 Uhr, Nov.–Feb. tägl. 10–18 Uhr, Eintritt: 8 €, Wechselausstellung 6,50 €, beide Ausstellungen 12 €, Ermäßigungen ab 65 Jahren und für Studenten unter 26 Jahren, unter 16 Jahren Eintritt frei, So. in den letzten zwei Stunden freier Eintritt für alle Besucher

EXTRATIPP

Gleich nebenan: Iglesia de San Agustín

Die auffällig in den Farben Ocker und Rubinrot gehaltene Kirche steht leicht zurückversetzt in einem kleinen Garten und gehört zu einem ehemaligen Augustinerkonvent mit einer angeschlossenen Schule, die bis 1972 hier betrieben wurde. Auffallend ist auch der Glockengiebel, einer der ganz wenigen in Málaga, die sonstigen Kirchen haben meist Glockentürme. Die Kirche verfügt über mehrere Seitenkapellen und einen Barockaltar, u. a. mit der Skulptur des heiligen San Agustín, darüber öffnet sich eine helle Kuppel. Der Konvent wurde bereits 1575 gegründet, die Kirche allerdings erst im 17. Jh. Ab 1836 wurde der Konvent im Laufe der Jahre verschiedentlich genutzt, er gehört heute dem Staat, zuletzt wurde er der Universität zur Verfügung gestellt, die hier Sprachkurse für Ausländer durchführte. Das ist aber auch schon wieder lange vorbei, momentan wartet das Gebäude auf eine neue Nutzung, die zuletzt veröffentlichten Pläne sahen die Einrichtung einer Bibliothek vor.

★2 [C3] **Iglesia de San Agustín**, geöffnet: Mo.–Sa. 17.30–19.30 Uhr

11 La Alcazaba ★★★ [D3]

Die Alcazaba war eine Mischung aus Festung und prächtigem Palast, in dem der maurische Herrscher residierte. Noch heute kann man zumindest ahnen, wie diese Pracht sich damals entfaltete und wie sicher die gesamte Festung war.

Erbaut wurde die Alcazaba hauptsächlich vom arabischen Statthalter Badís zwischen 1057 und 1063. Heute ist sie eines der wenigen baulichen Zeugnisse der maurischen Zeit in Málaga. Sie hatte eine **doppelte Funktion**, zum einen diente sie als **wehrhafte Burg**, zum anderen aber auch als prunkvoller Palast. Die doppelte Schutzmauer soll insgesamt 110 Türme gehabt haben und lag erhöht auf einem Hügel unterhalb des noch höher gelegenen Castillo del Gibralfaro 12. So entstand ein Herrschaftspalast, der es an Schönheit zumindest in Ansätzen mit der Alhambra in Granada aufnehmen konnte. Besucher, oder auch Feinde, mussten auf dem Weg zum Palast **zwei Mauerringe** und **bis zu acht Tore** passieren, zwei der Tore waren sogar so gebaut, dass der Weg gekrümmt in Zickzack-Form gegangen werden musste, was einen Angriff noch einmal erschwerte. Diese speziellen Tore waren einzigartig in Spanien. Nach der Vertreibung der Mauren wurde die Festung weiterhin militärisch genutzt, bis Mitte des 19. Jh. die Soldaten abzogen. Nach Aufgabe der Festung überließ man den gesamten Trakt sich selbst, Teile der ärmeren Stadtbevölkerung fanden nun hier Unterschlupf, was mit zum langsamen Verfall beitrug. Erst ab 1933 wurde der historische Wert des Ganzen erkannt und die Alcazaba wurde renoviert.

Der **Aufstieg zur Alcazaba** beginnt in der calle Alcazabilla und führt durch eines der gewaltigen Tore, die **Puerta de la Bóveda (Gewölbetor)**, einen der oben erwähnten gekrümmten Torwege. Der Weg führt dann durch weitere Tore, hier im sogenannten „unteren Teil" der ganzen Anlage waren vermutlich Pferdeställe und Lager untergebracht, heute liegt hier ein **kleiner Garten.** Der eigentliche Palast steht innerhalb einer weiteren ummauerten Zone, die durch das nächste Tor betreten wird, der **Puerta de los Cuartos de Granada.** Er verfügt

über hübsch verzierte Räume und stammt teilweise aus dem 11. Jh, andere Teile sind aus dem 13. und 14. Jh. Der Palast besteht aus drei hintereinanderliegenden Räumen mit Innenhöfen. Auch im Aufbau ähnelt er der Alhambra, wenngleich sie in ihrer Schönheit dann doch nicht vergleichbar sind. Aber auch hier kontrastieren noch heute die wuchtigen Mauern mit den filigranen und kunstvollen Verzierungen im Palast. Die Räume sind restauriert, die maurischen Elemente mit Wasserläufen, Rundbögen und kunstvollen Ornamenten sind deutlich erkennbar.

Hinter dem Palast lag ein kleines, von Bediensteten bewohntes **Viertel mit engen Gassen und Häusern.** Ergänzend erhebt sich hier auch noch der Turm **Torre del Homenaje** aus dem 15. Jh., der allerdings nur teilweise erhalten ist.

Leider kann die Coracha nicht besichtigt werden, jene Festungsmauer, die die Alcazaba mit dem Gibralfaro 12 verbindet. Sie zieht sich den Hügel hinauf und war eine Verteidigungslinie. Einst gab es noch eine zweite, die bis zum Meer verlief, sie wurde aber im 19. Jh. zerstört.

› Der Besuch der Alcazaba kann auf zwei Wegen erfolgen: Es gibt einen Fahrstuhl, der sich hinter dem Rathaus (Ayuntamiento) an der Straße Guillén Sotelo befindet. Mit ihm kann man direkt hoch in die alte Palastanlage fahren. Der andere Weg führt vom Haupteingang bei der calle Alcazabilla zu Fuß hoch durch die vielen Tore ebenfalls bis zur Palastanlage.

› www.alcazaba-info.com/informationen.html, geöffnet: Di.–So. April–Okt. tägl. 9–20, Nov.–März Di.–So. 8.30–19.30 Uhr, Eintritt: 2,20 € oder zusammen mit Gibralfaro 3,55 €. Am Sonntagnachmittag ab 14 Uhr ist der Eintritt frei.

Das römische Theater 13 liegt unterhalb der maurischen Alcazaba 11

⑫ Castillo de Gibralfaro ★ [E3]

Die **Festungsanlage** befindet sich auf einem Hügel, von dem man einen **sehr schönen Blick über die halbe Stadt** hat. Über die **Ursprünge der Festung** herrscht unter den Historikern nicht gerade Einigkeit. Erste arabische Bauten datieren die Experten auf das 8. Jahrhundert. Vermutlich handelte es sich anfänglich nicht um viel mehr als eine Art geschütztes Leuchtfeuer. Daher stammt auch der Name, denn ursprünglich wurde er „Yabal Faruk" genannt („Berg des Leuchtturms"), auf Spanisch: Monte del faro, woraus sich schließlich Gibralfaro ableitete. In den folgenden Jahrhunderten baute man immer mal wieder etwas dazu, aber es dauerte noch bis ins 14. Jahrhundert, bis eine gut geschützte und geschlossene Festung errichtet wurde. Diese war durch einen Gang mit hohen Mauern mit der weiter unten liegenden Alcazaba ⑪ verbunden, dieses ummauerte Verbindungsstück wird noch heute „Coracha" genannt.

Heute bleibt das Staunen über die Bauleistung. Der Besucher kann auf meterdicken **Verteidigungsmauern** um die Anlage herumlaufen und einen phänomenalen Blick über Málaga genießen. Im Innern der Festung befindet sich in dem ehemaligen Pulvermagazin das Interpretationszentrum (Centro de Interpretación) zum Gibralfaro, ein **Museum zur knapp 500-jährigen Geschichte dieser Festung.** Ausgestellt sind Waffen, Uniformen und nautische Gerätschaften. Ein großes Modell der Stadt Málaga verdeutlicht die Dimensionen der Anlage, mittels Schautafeln wird über die Entstehungsgeschichte informiert.

› geöffnet: April–Okt. Di.–So. 9–20 Uhr, Nov.–März Di.–So. 9–17.45 Uhr, Eintritt: 2,20 € oder zusammen mit Alcazaba 3,55 €

EXTRATIPP

Zu Fuß oder per Bus hoch zum Castillo del Gibralfaro

Vom Paseo del Parque ㉔ fährt **Bus Nr. 35** nach oben, Frequenz: alle 50 Minuten. Für **Fußgänger** gibt es einen ausgeschilderten Weg. Er beginnt keine 20 m vom Eingang zur Alcazaba ⑪ entfernt und führt über die calle Don Juan Temboury bergauf. Dieser Straße zunächst folgen, später eine Treppe hochsteigen und dann weiter dem Weg nach oben folgen, der neben der Mauer hochführt und oben beim Parador (s. S. 127) endet. Der Weg ist steil, aber man genießt von verschiedenen Punkten einen sehr schönen Blick auf den Hafen. Im Inneren des Gibralfaro gibt es eine Bar, genau wie weiter draußen bei der Bushaltestelle.

026ma-mux

Vom unteren Alcazaba ⑪ schlängelt sich die Verbindungsmauer La Coracha hoch zum Gibralfaro

Die islamische Zeit in Spanien

Die maurisch-islamische Zeit in Spanien dauerte ab 711 gute acht Jahrhunderte, es war aber keine einheitliche, durchgehende Herrschaftsepoche. Zumindest vier unterschiedliche Epochen mit vier Herrscherdynastien lassen sich unterscheiden. 711 überschritt erstmals ein Berberstamm unter Führung von Tarik die Meerenge von Gibraltar, ihm folgten alsbald arabische Stämme. Gemeinsam eroberten sie in nur wenigen Jahren fast die gesamte Iberische Halbinsel und gelangten bis nach Südfrankreich. Erster ernsthafter Widerstand kam 718 aus den asturischen Bergen in Nordspanien, als ein lokaler Fürst, Pelayo, den siegesgewohnten Berbern eine erste Niederlage zufügte. Die spanische Geschichtsschreibung feiert diesen Triumph bis heute als den „Beginn der Reconquista", der Rückeroberung, die 1492 mit der Einnahme von Granada endete. Kurz zuvor (1487) wurde auch Málaga „befreit".

027ma-mux

In den Jahrhunderten dazwischen wurde um fast jeden halbwegs größeren Ort eine Schlacht geschlagen zwischen „Christen und Mauren", wie es noch heute in Spanien etwas verkürzt heißt, auch im Bereich der Costa del Sol. Aber über Jahrhunderte herrschten islamisch geprägte Stämme in Spanien und hinterließen ihre Spuren. In Südspanien hielt sich das islamische Reich am längsten. Es wurde al-Andalus genannt und bestach lange Zeit durch eine hohe bauliche und kulturelle Präsenz. Zunächst wurde al-Andalus von der Dynastie der Omaijaden von Córdoba aus regiert, unter deren Herrschaft es zu einer kulturellen Blütezeit kam. 1031 wurde Córdoba von den Christen erobert, danach regierten zunächst einige lokale Fürsten verschiedene kleinere Zonen (span. „taifas"), die sich aber auf Dauer als zu schwach erwiesen, eine davon war Málaga.

Dann folgten die strenggläubigen Almohaden, die sich mehr nach Norden orientierten, mehrere Schlachten gegen christliche Heere in Zentralspanien (Kastilien) schlugen und verloren. Etwa zu Beginn des 13. Jh. verloren sie endgültig die Macht und die Dynastie der Nasriden regierte nun das verbliebene al-Andalus von Granada aus, sie versuchten sich mit den christlichen Königen zu arrangieren, letztlich vergebens.

In dieser langen, fast 800-jährigen Zeit entstanden – vor allem in der frühen islamischen Phase – einige beeindruckende Bauwerke, die noch heute staunen lassen, weitere auch in der Spätphase unter den Nasriden. Aus der Frühzeit stammen vor allem die

Große Moschee von Córdoba, der Alcázar von Sevilla, aber auch die Alcazaba in Málaga **11** *und der Gibralfaro* **12**. *Zu allen Zeiten entstanden überall zahlreiche islamische Moscheen, die aber immer mit als Erstes nach der jeweiligen christlichen Eroberung zerstört oder zumindest in eine christliche Kirche umgewandelt wurden. Auch die große Kathedrale* **6** *von Málaga steht auf den Resten einer ehemaligen Moschee, sie wurde gleich nach der Rückeroberung 1487 als großes Projekt geplant, aber erst 1782 vollendet, sodass ein Stilmix entstand.*

Das vielleicht berühmteste Bauwerk, die Alhambra in Granada, wurde in einer relativ späten islamischen Phase unter den Nasriden ab dem 13. Jh. gebaut. Die „rote Burg", so der übersetzte Name, thront noch heute auf einem Hügel oberhalb der Stadt Granada. Sie ist von einer hohen Außenmauer umgeben und verfügt über eine wehrhafte Burg, die räumlich von den wunderschönen Palasträumen getrennt ist, die man noch heute bewundern kann. Ähnlich gebaut sind die meisten Festungsanlagen, so auch die von Málaga. Die Burg ist noch einmal mit einer eigenen Mauer geschützt und hat auch eigene wuchtige Tore, die man als Feind schwer überwinden konnte. Das lässt sich auch gut in der ähnlich aufgebauten Alcazaba von Málaga erkennen.

Erhalten geblieben ist in einigen Orten zumindest das Straßenbild einer ehemals orientalisch geprägten Ortschaft mit engen Gassen, die - scheinbar - ohne Plan wuchsen und entstanden. Das kann man selbst in Málaga noch ein wenig in der Altstadt rund um die Kathedrale erahnen, aber erst recht in vielen kleinen Bergdörfern (beispielsweise in Frigiliana **40**). *Im Kern lag meist die Medina, ein wichtiges, oftmals ummauertes Zentrum mit Markt, Moschee, Festung (soweit vorhanden), das von bewohnten Vierteln umgeben war. Von den Stadttoren führten Straßen zur Medina, die restlichen Gassen entstanden eher planlos. In der Medina konzentrierten sich die einzelnen Berufsgruppen in bestimmten Vierteln, was sich gelegentlich noch heute an den Straßennamen ablesen lässt, wenn beispielsweise eine Gasse „Straße der Silberschmiede" heißt. Zumindest in größeren Städten gab es immer auch ein eigenes Viertel für die jüdische Bevölkerung, was noch heute beispielsweise in Córdoba unter dem Begriff „Judería" zu finden ist.*

Nach der christlichen Eroberung wurde dieses Bild in etlichen Orten entscheidend verändert, vor allem durch das Anlegen eines großen zentralen Platzes, an dessen Seiten große, repräsentative Gebäude stehen sollten, beispielsweise das Rathaus oder ein kirchlicher Bischofspalast. Zusätzlich entstanden auch große, breite Straßen, die zum jeweiligen Stadttor führten und ein klares Gegenbild zum früheren, etwas chaotischen Straßenbild darstellen sollten.

Nach dieser großen baulichen Umwälzung folgte alsbald auch eine soziale, da die letzten verbliebenen Muslime vertrieben wurden und übrigens wenig später auch die zum Christentum konvertierten Araber sowie die Juden. Auf diese Weise endete die fast 800-jährige islamische Präsenz in Spanien.

⓭ Teatro Romano (Römisches Theater) ★ [D3]

Unterhalb der Alcazaba ⓫ befindet sich das Römische Theater, welches 1951 bei Bauarbeiten entdeckt wurde. Das Theater wurde unter der Herrschaft von Kaiser Augustus I. im 1. Jahrhundert n. Chr. gebaut und bis zum 3. Jh. genutzt. Bei der Gestaltung nutzte man die örtlichen Gegebenheiten und ließ die Zuschauerränge gewissermaßen den Hügel „hinaufwandern". Während der arabischen Epoche (s. S. 36) wurden Steine aus dem Theatergebäude zumindest teilweise für den Bau der Alcazaba genutzt, gleichzeitig wurden die verbliebenen Reste verschüttet und schlicht vergessen, bis man sie 1951 wiederentdeckte. Erst ab 1994 wurde die gesamte Anlage ausgegraben und restauriert. Erhalten ist heute etwa die Hälfte der Sitzreihen des halbrunden Zuschauerraums, der Bereich für die Noblen der Stadt, die sogenannte „Orchestra", und die Bühne. Das Theater erstreckt sich über eine Höhe von 16 m und hat einen Durchmesser von 31 m.

2010 wurde ein **Interpretationszentrum** eröffnet, das links vom Theater in einem auffälligen, rechteckigen Gebäude aus Glas und Holz steht, an dessen Außenwand Fragmente der Lex Flavia Malacitana eingearbeitet sind, eine Art Gesetzes- und Verwaltungstext für die Stadt Málaga in der römischen Epoche. Im Innern sind archäologische Fundstücke ausgestellt, ein Film informiert über die Entstehungsgeschichte des Theaters und erklärt, welche römischen Berühmtheiten hier seinerzeit auftraten. Über das Interpretationszentrum erhält man Zugang zum Innern des Theaters.

› geöffnet: Di.–Sa. 10–18, So. 10–16 Uhr, Eintritt frei

Das römische Theater vor der Alcazaba ⓫

028ma-jg

14 Iglesia Parroquial de Santiago ★ [D3]

Diese Kirche gilt als die älteste der Stadt, sie wurde 1490 auf den Resten einer Moschee errichtet. Im 18. Jh. wurde sie einer grundlegenden Restauration unterzogen und im Barockstil umgestaltet. Nur im Bereich des Hauptportals und im hoch aufragenden **Turm** erkennt man noch die ursprüngliche Mudéjar-Gestaltung. Der Turm stand ursprünglich etwas abseits, seit dem 16. Jh. ist er mit dem Kirchengebäude verbunden. Im Inneren der dreischiffigen Kirche befinden sich einige wertvolle **Kunstwerke**, u. a. von Alonso Cano und Niño de Guevara, weitere wurden 1931 bei antiklerikalen Aufständen zerstört. Weiterhin befinden sich hier die Heiligenstatuen der Virgen del Amor und des Jesús el Rico. Beide Heiligen werden in der Osterwoche von Bruderschaften in einer Prozession aus der Kirche durch die Straßen der Stadt getragen (s. S. 96) und von der Bevölkerung verehrt. 1881 wurde Pablo Picasso (s. S. 31) in dieser Kirche getauft, die Taufurkunde ist in der Kirche ausgestellt.

› c/ Granada 78, www.parroquiasantiago.es, geöffnet: tägl. 9–13 und 18–21 Uhr

15 Plaza de la Merced ★ [D3]

Dieser Platz ist uralt und hat durch seine **historische Bedeutung** einen besonderen Stellenwert. Er ist der größte Platz von Málaga und spielte schon zur arabischen Zeit eine wichtige Rolle. Er lag damals knapp außerhalb des Stadttores, das später Puerta de Granada genannt wurde und unter den Arabern Bib-Almlaab nach dem Römischen Theater 13 „Tor des Theaters" hieß. Von hier zogen die siegreichen Reyes Católicos (s. S. 24) durch das Stadttor in die Stadt ein, nachdem sie die islamischen Herrscher besiegen konnten. In den Jahren danach fand hier ein Wochenmarkt statt und 1507 wurde die Kirche **Iglesia de la Merced** („Kirche der Gnade") gebaut, wovon sich auch der heutige Name des Platzes ableitet. 1655 entstand außerdem ein **Nonnenkloster**, beide Gebäude existieren nicht mehr. Ende des 19. Jh. wurden hier gutbürgerliche dreistöckige Häuser gebaut, vor allem durch den Unternehmer **Antonio Campos Garín**, noch heute wird ein Teil der Häuser Casas de Campos genannt. Die ältesten beiden Häuser sind die Gebäude mit der Hausnummer 9 und 10 (um 1878 entstanden), Haus Nummer 12 ist nur wenig jünger (aus 1883). In das Eckhaus Nummer 15 zog 1880 die Familie Picasso, ein Jahr später kam dort der später weltberühmte Künstler Pablo Picasso zur Welt (siehe auch 16).

Der Platz ist heute von vielen **Bäumen** gesäumt, es gibt **Ruhebänke**, eine **Bronze-Skulptur**, die den sitzenden Picasso zeigt (2008 erschaffen), und eine Reihe von **Terrassenlokalen.** Im Zentrum des Platzes erhebt sich ein 1842 hier platzierter **Obelisk** in Erinnerung an eine traurige Geschichte. Er gedenkt des liberalen Generals Torrijos, der sich mit einer kleinen Gefolgschaft gegen die absolutistische Herrschaft des spanischen Königs Fernando VII. (1784–1833) auflehnte, jedoch sehr schnell scheiterte (s. S. 104). Die Aufständischen wollten ursprünglich keine gewaltsame Erhebung, sondern die Bevölkerung von ihrer Sache überzeugen und eine großflächige Erhebung organisieren. Sie kamen per Schiff von Gibraltar, gingen am Strand von Mijas

029ma-hj

an Land, wurden jedoch schnell in Kämpfe verwickelt. Am 5. Dezember 1831 wurde die Gruppe gefangengenommen und am 11. Dezember 1831 in Málaga am Strand erschossen. Elf Jahre später errichtete man diesen Gedenkstein und beerdigte Torrijos und 48 seiner Gefolgsleute hier, nur ein ebenfalls hingerichteter Engländer fand seine letzte Ruhestätte auf dem Englischen Friedhof von Málaga (30). Der obere Teil des Obelisk zeigt sich ein wenig schief, Grund hierfür war ein Erdbeben von 1884.

(16) Museo Casa Natal de Picasso (Picassos Geburtshaus) ★★ [D2]

In dem Eckhaus an der Plaza de la Merced 15 wurde Pablo Picasso Ruiz am 19. Oktober 1881 geboren. Sein Vater José Ruiz Blasco zog mit seiner Familie ein Jahr vorher hier ein. Pablo verbrachte seine Kindheit in Málaga, weil aber sein Vater ab 1891 in Nordspanien Arbeit fand, zog die Familie weg. Pablo lebte die längste Zeit seines Lebens in Frankreich und kam zuletzt 1900 nach Málaga. Das Franco-Regime ignorierte den mittlerweile weltberühmten Künstler, sie verdächtigten ihn kommunistischer Umtriebe. Während der Franco-Diktatur gab es nur eine ganz bescheidene **Erinnerungsplakette** am Geburtshaus, die 1961 angebracht wurde. 1981 tauschte man diese dann in Erinnerung an Picassos hundertsten Geburtstag gegen eine größere aus Bronze aus. Kurze Zeit später erwarb die Stadt Málaga das Geburtshaus und richtete die Stiftung **Fundación Pablo Picasso** hier ein.

Heute befindet sich hier ein **thematisch zweigeteiltes Museum**, es erweckt Erinnerungen an die Zeit Ende des 19. Jahrhunderts und zeigt obendrein einen Querschnitt durch Picassos Schaffen.

Die Stiftung sammelt Werke und Unterlagen von Picasso und von Künstlern, die in Verbindung zu ihm

Die beschauliche Plaza de la Merced (15) ist ein Ruhepol

Auf den Spuren von Picasso durch Málaga

Auch wenn Picasso nur kurze Zeit in Málaga verbrachte, sind hier immer noch Spuren seiner frühen Lebensjahre zu finden:

- *In einem Eckhaus an der Plaza de la Merced* ⓯ *wurde Pablo Picasso geboren, heute ist dort ein* ***Museum*** ⓰ *untergebracht.*
- *In der* ***Iglesia Parroquial de Santiago*** ⓮ *in der calle Granada 78 wurde Pablo am 10. November 1881 getauft, genau wie seine Schwestern Dolores und Concepción. Seine Taufurkunde wird dort ausgestellt.*
- *Die* ***Plaza de la Merced*** ⓯ *liegt direkt vor dem Haus, in dem der kleine Pablo mit seiner Familie wohnte. Hier flattern heute wie damals ständig Tauben herum und wahrscheinlich ließ sich Picasso Jahre später von diesem täglichen Erleben in der Gestaltung seiner weltberühmten Zeichnung einer Friedenstaube inspirieren. Diese zeichnete er mit wenigen, aber sehr eindringlichen Strichen für den Weltfriedenskongress, der 1949 in Paris stattfand. Als am Vorabend des Kongresses (am 19. April) seine Tochter geboren wurde, nannte er sie „Paloma", das spanische Wort für „Taube".*
- *In der Straße calle Comedias 20 [B3] (heute Haus Nummer 18) befand sich seine* ***erste Schule,*** *das colegio de San Rafael. Picasso berichtete später in seinen Memoiren, wie er hier verträumt viel lieber zeichnete als zu lernen, u. a. die Frau des Direktors, und nur darauf wartete, dass er mittags wieder abgeholt wurde und nach Hause durfte. Heute ist die calle Comedias eine unscheinbare Einkaufsstraße.*
- *In der calle Gaona 1 [C2] stand die Schule, in der Pablo Picasso 1891* ***sein erstes Schulzeugnis*** *bekam, eine Plakette an der Hauswand erinnert an dieses Ereignis.*
- *In der calle San Agustín [C3] befand sich im 19. Jh. direkt neben der Kirche Iglesia de San Agustín* *(s. S. 33)* *das* ***Museo Municipal.*** *Hier arbeitete Pablos Vater als Konservator und hatte dort auch ein Atelier. Der kleine Pablo kam auf diese Weise schon früh mit der Malerei in Kontakt, da ihn sein Vater öfters mitnahm.*
- *An der* ***Plaza de la Constitución*** ❸ *befindet sich das* ***Ateneo von Málaga,*** *wo im 19. Jh. eine Kunstschule untergebracht war, in der Pablos Vater als Hilfslehrer arbeitete. Pablo war zu jung zum Studieren, begleitete seinen Vater aber gelegentlich hierhin und kam so in Kontakt mit Malern und Maltechniken.*
- *Auch die* ***Stierkampfarena*** ㉖ *besuchte der kleine Pablo mit seinem Vater und wurde von ihr inspiriert. Sein Bild „El picador amarillo" („Der gelbe Lanzenreiter") malte er 1889 im Alter von acht Jahren, es gilt als sein erstes Ölgemälde. Gerade in seinen frühen Jahren schuf er vielfach Werke mit Stierkampf-Motiven, aber auch mit dem Motiv der Taube. Und auf seinem weltberühmten Antikriegsbild „Guernica" erscheint als Teilmotiv auch ein verletzt schreiender Pferdekopf. Auch diese Anregung, so vermuten Forscher, stammt aus seinen Erfahrungen beim Stierkampf, da auch dort gelegentlich das Pferd eines Picadors verletzt wird.*

oder seinem Werk stehen. Insgesamt konnte die Stiftung bislang **4000 Objekte** sammeln, aber nur ein Teil wird ständig ausgestellt, darunter ein guter Querschnitt durch sein **grafisches Werk** zwischen 1905 und 1971, von Keramiken und auch von **Büchern**, die Picasso illustriert hat. Herausragende Werke sind die 84 vorbereitenden **Skizzen zu Picassos Meisterwerk „Les Demoiselles d'Avignon"** (Die Frauen von Avignon) aus dem Jahr 1907. Weiterhin werden **Fotos** seiner späten Lebensjahre ausgestellt.

Im ersten Stock sind die **Wohnräume der Familie** nachgebildet, durch Exponate wie Fotos, Zeitungsartikel und persönliche Gegenstände wird die Zeit vom späten 19. Jh. sehr lebendig veranschaulicht.

› Plaza de la Merced 15, Tel. 951926060, www.fundacionpicasso.es, geöffnet: täglich 9.30–20 Uhr, Eintritt: 3 €. Im Nebengebäude an der Plaza de la Merced 13 finden Wechselausstellungen statt, Eintritt dort 3 €, für beide Häuser 4 €, So. ab 16 Uhr freier Eintritt

17 Santuario de Nuestra Señora de la Victoria ★★ [E1]

Diese **Kirche** steht ein klein wenig außerhalb des Zentrums, lohnt aber den Weg, denn sie birgt im Innern eine bauliche Überraschung. Als die Reyes Católicos (s. S. 24) 1487 die Stadt belagerten, um sie von der muslimischen Herrschaft zu befreien, führte König Fernando auch eine Marienskulptur mit sich, die Virgen de Santa María. Diese Figur wurde auch „Virgen de la Victoria" genannt, „Jungfrau des Sieges". Die Jungfrau erschien dem Monarchen eines Nachts im Traum, woraufhin er das Signal zum Angriff gab und die Stadt tatsächlich erobern konnte. So erzählt es die Legende. Zum Dank wurde an der Stelle, an der das Königspaar lagerte, eine **Kapelle** gebaut, die den Namen der Jungfrau bekam, **„Santa María de la Victoria"**. 1494 kam ein **Mönchskonvent** hinzu, dieses Kloster wurde 1836 profaniert und größtenteils zerstört. Übrig blieb eigentlich nur die Kirche, die im

030ma-mux

Jahr 1700 restauriert und vergrößert wurde. Sie steht noch heute leicht erhöht auf einem offenen, weitläufigen Platz. Die Urkirche wurde 1518 geweiht, Ende des 17. Jh. restauriert und 1700 erneut geweiht. **Außen** fällt die eher schlichte Kirche hauptsächlich durch ihre Größe auf, innen wirkt sie prächtiger. Sie hat die Form eines **lateinischen Kreuzes**, das **Kirchendach** wird von mehreren wuchtigen Säulen getragen. Der Blick fokussiert sich zwischen den Säulen auf den großen Altar, der noch aus der Urkirche stammt. Das **Altarbild** zeigt neun Einzelgemälde, darunter auch die Erscheinung der Jungfrau. Die weiteren Bilder stellen Motive aus dem Leben des heiligen Franziskus dar, der den Franziskanerorden gründete. Eine Skulptur der Virgen de la Victoria mit Rokoko-Ausschmückungen ist in einer Kapelle zu finden, heute ist sie übrigens die Schutzheilige der Stadt.

Besonders sehenswert ist die **Krypta**, die der Graf von Buenavista stiftete. Sie ist schwarz gehalten und wird von zahlreichen weißen Stuckelementen geschmückt, darunter sehr viele Skulpturen und Figuren, die den Tod symbolisieren, ein in dieser überschwänglichen Ausgestaltung selten gesehenes Gesamtkunstwerk. In der Krypta befindet sich auch das Familiengrab des Grafen, der der Kirche viel Geld für die Restaurierung spendete.

› Plaza del Santuario 8, geöffnet: Mo.-Sa. 8.30-12.30, 18.30-20.30 Uhr, Eintritt: 2 €, es sind zu bestimmten Zeiten auch nächtliche Führungen in spanischer Sprache möglich (8 €), Infos dazu: http://cultopia.es

Das Santuario de Nuestra Señora de la Victoria ist einer der ältesten Sakralbauten von Málaga

18 Museo Unicaja de Artes y Costumbres Populares ★★★ [A4]

Dieses interessante Museum vermittelt einen tiefen Einblick in die Volksbräuche und -kunst der ländlichen und städtischen Bevölkerung in der Region Málaga des 18. und 19. Jahrhunderts.

Das Museum ist im ehemaligen **Gasthof Mesón de la Victoria** aus dem 17. Jahrhundert untergebracht. Der Aufbau dieses Hauses mit einem größeren Innenhof (Patio) und ihn umgebenden Räumen auf zwei Etagen entspricht der **typischen Bauweise eines andalusischen Hauses**, das man sowohl im ländlichen als auch im städtischen Raum findet. Der nach oben offene Patio lässt Licht einfallen, kühlt aber auch ein wenig, die Räume haben eher kleine Fenster, sodass zwar weniger Licht, aber auch weniger Hitze eindringen kann. Bei Bedarf werden Planen oben quer über die Patio-Öffnung gezogen, zum Schutz vor der Sonne und auch vor eventuellem Regen. Diesen grundsätzlichen Aufbau kannten auch schon die muslimischen Bewohner Südspaniens und diese Elemente übernahmen die Spanier später auch nach der Vertreibung der Araber. Im Grundsatz wurden bis vor Kurzem Häuser in Spanien nach diesem Muster gebaut, zumindest bis die Aircondition für noch bessere Kühlung als ein Patio sorgte.

Konzentriert um diesen Innenhof ist die thematisch angeordnete **Ausstellung** in 19 Räumen auf zwei Ebenen untergebracht. Oben befinden sich Exponate zum **städtischen Leben**, während in der unteren Ebene das **ländliche Leben** thematisiert wird. Man staunt, was hier alles zu-

sammengetragen wurde. Dargestellt wird u.a., wie früher gefischt, gelebt, gekocht, Weintrauben gepresst, gefeiert, Bücher und Plakate gedruckt wurden und ganz allgemein gearbeitet wurde. Ausgestellt sind **Haushaltsgeräte**, **Werkzeuge** verschiedener Berufsgruppen, **historische Kutschen** und **Pferdezaumzeug**, **Keramiken**, **religiöse Artikel**, die vor allem zu Prozessionen genutzt werden, ganze **Wohnbereiche** sind nachgebildet und es gibt **kostumbristische Gemälde**, die das ländliche Leben zeigen. Dort sind auch **Bilder von Anita Delgado** ausgestellt, einer Tänzerin aus Málaga (1880 geboren), die einen Maharadscha aus Indien heiratete, dadurch in eine völlig andere Kultur eintrat und zu unermesslichem Reichtum kam. Da ihr Mann im Ersten Weltkrieg für die Briten kämpfen wollte, kamen beide zurück nach Europa, die Maharani lebte bis zu ihrem Tode in Madrid.

› c/ Pilo Santa Isabel 10, www.museoartespopulares.com, Tel. 952217137, geöffnet: Mo.–Fr. 10–17, Sa. 10–15 Uhr, Eintritt: 4 €, Di. 13–17 Uhr freier Eintritt

Das ländliche Leben wird im Museo de Artes y Costumbres Populares 18 gewürdigt

19 Iglesia de San Juan Bautista ★ [B4]

Die Iglesia de San Juan Bautista ist Johannes dem Täufer geweiht und zählt zu den vier Kirchen, die die Reyes Católicos (s. S. 24) nach der Eroberung der Stadt 1487 errichten ließen. Sie steht mitten in der Altstadt nicht weit vom Fluss und von der Plaza de la Constitución 3 entfernt. Trotz der engen Gassen finden auch hier in der Osterwoche (s. S. 96) Prozessionen statt, an denen auch der bekannte und in Málaga geborene Schauspieler Antonio Banderas regelmäßig als einfacher Nazareno (Büßer) teilnimmt. Für viele Bewohner der Stadt zählt zumindest der **Kirchturm** zu den **schönsten von Málaga.** Der ursprüngliche Turm stürzte 1680 nach einem Erdbeben ein und musste neu aufgebaut werden, aber die Fertigstellung zog sich bis 1783 hin. Die Kirche selbst wurde ursprünglich im gotischen Stil erbaut, erfuhr aber nach mehreren Renovierungen substantielle Veränderungen. Ungewöhnlich sind die **Wandbemalungen** an der Außenseite der Kirche. Im Innern besteht die Kirche aus drei Schiffen mit üppigen hellen Farben und **barockem Wandschmuck**, der nach 1760 entstand. Die **Kapellen** liegen im hinteren Bereich und werden von verschiedenen Bruderschaften betreut, zwei davon beteiligen sich auch während der Osterwoche an den Prozessionen, darunter die Reales Cofradias Fusionadas (Königliche vereinigte Bruderschaften) mit dem Bildnis der Virgen de las Lágrimas (Jungfrau der Tränen), der auch Antonio Banderas angehört.

› c/ San Juan 3, geöffnet: Mo.–Sa. 10.30–13, 18.20–20, So. 10.30–13 Uhr, außerhalb der Sommerzeit ab 8 Uhr

20 Mercado Central de Atarazanas ★★ [B4]

Diese **wunderbare Markthalle** steht am Rande der Altstadt auf dem Gelände der ehemaligen maurischen Werft, daher rührt auch der Namensteil „Atarazanas" („Werft"). Erbaut wurde die 5000 m² große Halle zwischen 1876 und 1879. Sie wird von einem Skelett aus Stahlträgern gehalten. Aus der maurischen Zeit ist ein hohes **steinernes Eingangstor in Hufeisenform** in die Eisenkonstruktion eingefügt worden. Dieses frühere Stadttor wurde etwa um 25 m von seinem ursprünglichen Standort versetzt, um es passgenau in die Markthalle zu integrieren. Auf der anderen Seite der Halle wird ein anderer Eingang von einem riesigen **Glaskunstbild aus 108 Einzelteilen** geschmückt, das die Brüder Atienza im Jahr 1973 erschufen. Es zeigt typische Bauwerke aus Málaga.

Die **200 Verkaufsstände** sind in drei Reihen angeordnet: In der Mitte werden hauptsächlich Fisch und Meeresfrüchte angeboten, in den äußeren Reihen Obst und Gemüse bzw. Fleisch und Wurst. Ein Bummel vorbei an den Verkaufsständen ist ein **Fest für die Sinne,** überall wird lautstark frische Ware angeboten, die Käufer blicken kritisch, fragen mit Kennermine nach und kaufen doch verlässlich bei „ihrem" jeweiligen Händler.

EXTRATIPP

Die Brücke der Deutschen

Schräg gegenüber vom Museum 18 liegt das Flussbett des Río Guadalmedina. Auch wenn dieser Fluss auf allen Stadtplänen immer noch hübsch blau eingezeichnet ist, ist dieser Abschnitt schon lange trocken, das Wasser verläuft teilweise unterirdisch und tritt erst einen knappen Kilometer weiter meerwärts zutage. Eine auffällige gusseiserne Brücke quert dieses trockene Flussbett etwa in Höhe des Museums, sie heißt offiziell Puente de Santo Domingo, wird aber im allgemeinen Sprachgebrauch Puente de los Alemanes genannt, Brücke der Deutschen. Sie konnte dank deutscher Spendengelder 1907 errichtet werden, nachdem einige Jahre zuvor die **SMS Gneisenau** vor Málaga gesunken war.

Am 16. Dezember 1900 ankerte das deutsche Segelschulschiff SMS Gneisenau außerhalb des Hafens. Der Kapitän ignorierte eine Sturmwarnung und wollte nicht in den sicheren Hafen einlaufen. Der Sturm zog auf, die Schiffsmaschine fiel aus, sodass das Schiff auf die Hafenmole gedrückt wurde und sank. 40 Seemänner kamen ums Leben, es starben auch noch 12 Bewohner Málagas beim Versuch, Hilfe zu leisten. Nachdem im Jahr 1907 ein weiterer Sturm in Málaga eine wichtige Brücke zerstörte, damals führte der Fluss noch Wasser, spendete die deutsche Bevölkerung Geld und baute eine neue Brücke über den Fluss Río Guadalmedina, die Puente de los Alemanes [A4].

032ma-mux

033ma-mux

Es gibt auch einige **Bars** in der Markthalle, die alle immer schwer umlagert sind, was für ihre Qualität spricht. Eine der beliebtesten ist die **„Bar Mercado Atarazanes"**, deren Tapas eine Zeitung eine „einzige religiöse Erfahrung" nannte.

› c/ Atarazanas 10, geöffnet: Mo.–Sa. 8–15 Uhr

21 Alameda Principal ★ [B5]

Die Straße Alameda Principal ist eine kurze (350 m), aber sehr breite (42 m) Straße am Rande der Altstadt. Sie beginnt beim Fluss als Verlängerung der Einfallsstraße Avenida de Andalucía und mündet an der Plaza de la Marina 23 in den Paseo del Parque 24. Einst zählte diese Straße zu den prachtvollsten der ganzen Stadt. Sie entstand Ende des 18. Jahrhunderts, als hier herrschaftliche Häuser und in der Mitte der Straße eine **Flanierpromenade** gebaut wurden. Die Straße wurde bewusst breit und mit einem ebenfalls ziemlich breiten Mittelteil als Flanierzone angelegt, die von Bäumen flankiert wird. Diese **Bäume** stehen noch heute und bilden mit ihren mächtigen Stämmen und weit ausladenden Ästen ein wahres grünes Dach. Bevor die schicken Häuser gebaut wurden, hausten hier nur arme Tagelöhner und Fischer. Etwa ab 1780 wandelte sich das Bild, als zu Reichtum gekommene Bürger näher an der Natur und am Meer wohnen wollten, und so entdeckte man diese Zone, damals knapp außerhalb des Zentrums gelegen. Aus diesem Grund wurden die Häuser errichtet, die teilweise noch heute stehen. Das älteste Gebäude ist die Hausnummer 28, wo heute das **Archivo Municipal** (Stadtarchiv) sitzt, es stammt aus dem Jahr 1792. Auch das Haus Nummer 18 stammt aus dem späten 18. Jahrhundert, heute sitzt hier eine Regionalbehörde. Im gleichen Gebäude befindet sich auch die **älteste Bodega von Málaga.** Die **„Antigua Casa Guardia"** (s. S. 83) eröffnete 1840 und wirkt heute ein wenig wie aus der Zeit gefallen. Aus den Anfängen stehen an der Alameda auch noch einige historisch anmutende kleine **Blumenkioske.**

Zuletzt war die Straße halbseitig nur stark eingeschränkt nutzbar, da hier Tiefbauarbeiten für die neue Metro von Málaga durchgeführt werden (s. S. 109). Für die Zukunft ist sogar geplant, die ganze Straße zur Fußgängerzone umzugestalten. Dazu müsste dann aber auch die große Bushaltestelle verlegt werden, denn noch immer halten hier sehr viele der innerstädtischen Buslinien.

Glaskunst an der Markthalle 20

22 Centro de Arte Contemporáneo de Málaga ★ [A6]

Untergebracht in einer alten Markthalle an der Calle Alemania beim Flussbett, zeigt das Museum auf einer Fläche von 2400 m² Ausstellungen zu unterschiedlichen Themen, die in fünf Abteilungen **Werke aus dem letzten Drittel des 20. Jahrhunderts bis heute** umfassen. Drei sind für Wechselausstellungen gedacht, ein Raum für die Dauerausstellung und ein fünfter wird für diverse künstlerische Aktivitäten genutzt. Die **Dauerausstellung** wird aus einem Fundus von **400 Werken** bestückt, viele davon sind neueren Datums, sodass man hier durchaus die letzten künstlerischen Tendenzen finden kann. Die Macher lehnen sich ausdrücklich an das deutsche Modell des „Kunsthaus" an und wollen ein dynamisches, sich ständig entwickelndes Expositionsprojekt schaffen.

› c/ Alemania 2, geöffnet: Mitte Juni–Mitte Sept. Di.–So. 10–14 und 17–21, sonst 10–20 Uhr, Tel. 952120055, www.cacmalaga.org, Eintritt: frei

Die maritime Seite von Málaga

In jeder Hafenstadt lebte die Bevölkerung früher zumindest teilweise vom Fischfang und vom Handel übers Meer. Das war in Málaga viele Jahrzehnte nicht anders, aber nun kommt etwas Neues hinzu: Touristen. Im 19. Jahrhundert bereits schufen die Stadtväter einen wirklich netten **Park zum Flanieren** entlang der Wasserseite vor dem Hafen, den **Paseo del Parque** 24.

Diese Zone wurde nun um einen großen Wurf erweitert, denn die unmittelbare Wasserseite wurde um eine **sehr nette Flaniermeile** unterhalb einer riesigen Pergola und vor einem weiteren Palmenwäldchen deutlich verschönert, allgemein bekannt als **Muelle Dos** 27. Nicht nur Einheimische spazieren hier gerne entlang, auch die vielen Touristen tun es. Und

An der Alameda Principal stehen uralte Bäume

034ma-hj

011ma-jg

in Sichtweite ankern nun auch im **Hafen** noch regelmäßig Kreuzfahrtschiffe, die teilweise Tausende von Kurzbesuchern in die Stadt entlassen, die ebenfalls hier spazieren und diese Meile bereits meist auch von ihrem Schiff aus sehen können. Ergänzt wurde diese Zone um mehrere **Museen**, von denen zwei unmittelbar an diesem Spazierweg liegen (Centre Pompidou 29 und Aula del Mar 28), zwei weitere stehen jenseits der breiten Hauptstraße vor dem Paseo del Parque 24 (Museo de Málaga 25 und Museo del Patrimonio Municipal, s. S. 71). Wer genug hat von Kultur und Herumschlendern, der spaziert nur einige Schritte weiter, direkt hinter der Stierkampfarena 26 beginnt der **Stadtstrand**, die Playa de Malagueta 35.

23 Plaza de la Marina ★ [C5]

Die zentrale Straße der Stadt, die calle Marqués de Larios 1, mündet in der Plaza de la Marina unweit vom Hafen, an dem sich weitere wichtige Straßen der Stadt treffen. Auf dem Platz stehen mehrere **Skulpturen**, darunter auch ein Denkmal zu Ehren des Marqués de Larios und ein schön verspielt gestalteter Springbrunnen. Ebenfalls dort befindet sich eine gut bestückte **Touristeninformation** (s. S. 116). Der Platz entstand Mitte des 19. Jh., als die Stadtmauern geöffnet wurden und die Meerseite bebaut werden konnte. Heute ist die Plaza de la Marina ein großer, belebter Platz, der eine Verbindung zwischen den beiden Flaniermeilen Paseo del Parque 24 und der Muelle Dos 27 schafft. Obendrein grenzt das kleine **Soho-Viertel** (s. S. 74) an den Platz, das sich als Künstler- und Nightlife-Spot etablieren will.

Unmittelbar hinter dem Gebäude der Touristeninformation steht die **Bronzeskulptur eines Cenachero**, einer in Málaga sehr beliebten Figur eines Fischverkäufers. Sie wurde im Jahr 1968 von Jaime Fernández Pimentel erschaffen, einem Künstler aus Málaga. Sie zeigt einen Fischver-

⊡ *Flaneure an der Muelle Uno (s. S. 55)*

käufer in typischer Tracht mit zwei Körben voller Fisch, die er an einem Schulterbügel hängend trägt. Der Cenachero gilt genau wie der Biznaguero (s. S. 51) als ein **typisches Symbol von Málaga.** Jenseits der vorbeiführenden breiten Avenida Agustín Heredia liegt das zweite große **Busterminal** der Stadt, an dem viele Linien halten. Auch deshalb überqueren ständig viele Menschen eilig die Plaza de la Marina. Und genau hinter dem Busterminal dreht sich seit 2015 ein riesiges **Riesenrad,** vom obersten Punkt aus 70 m Höhe genießt man einen formidablen Blick über die Stadt (s. S. 118).

KURZ & KNAPP

Der betrunkene Baum

Hinter der Touristeninformation wächst in Höhe der calle Vendeja an der Plaza del Poeta Alfonso Canales [C5] ein auffälliger Baum mit dem botanischen Namen „Ceiba Chodati", der im unteren Bereich eine stark gewölbte, fast geschwollen wirkende Struktur hat. Er wird von den Bewohnern deshalb auch „Flaschenbaum" genannt oder – etwas despektierlich – „betrunkener Baum".

035ma-mux

24 Paseo del Parque ★★★ [D4]

Eine schön begrünte Flaniermeile parallel zum Meer beginnt bei der Plaza de la Marina 23 und verläuft über 800 m bis knapp vor die Stierkampfarena 26. Sie ist hübsch mit Palmen, Bäumen, Sitzbänken und historisch anmutenden Laternen sowie kleinen Springbrunnen dekoriert.

Die Arbeiten zu diesem Flanierweg begannen 1897 auf einem dem Meer abgerungenen Stück Land, man schuf einen **langgezogenen Park von 30.000 m² Größe mit exotischen Pflanzen.** Sogar **Papageienpärchen** konnte der Autor hier schon beobachten. Heute ist diese Zone eine kleine grüne Lunge mitten in der Stadt, Ende des 19. Jh. bestand lediglich die Idee, einen Botanischen Garten im Ortskern zu schaffen. Reiche Bürger unterstützten diesen Plan, es ist bekannt, dass ein Händler seine Schiffe aus Amerika neben der Ware auch mit exotischen Pflanzen und Bäumen bestückte. Heute wachsen hier **Drachenbäume,** verschiedene **Palmenarten** und eine Reihe **tropischer sowie subtropischer Pflanzen,** viele davon sind mit kleinen, erklärenden Tafeln versehen. Außerdem stehen hier noch einige sehr hübsch gestaltete **Kachelbänke.** Obendrein befinden sich hier **Skulpturen** zu Ehren bekannter lokaler Persönlichkeiten, u. a. zu Cánovas del Castillo, einem wichtigen Politiker, der sich sehr für die Gestaltung dieses Parks einsetzte. Weiterhin plätschern einige reizende **Springbrunnen,** von denen die **Fuente de las Tres Gracias,** die unweit der

Stierkampfarena steht, optisch durch die drei dominierenden weiblichen Figuren heraussticht. Er entstand 1879 mit Anklängen an den Barockstil.

Der Paseo del Parque endet vor dem Kreisverkehr am **Plaza del General Torrijos**, benannt nach einem lokalen Helden, der 1830 in Málaga füsiliert wurde (s. S. 104).

Der Park wird von zwei Straßen begrenzt, die südliche wird **Paseo de los Curas** (Kurie) genannt, da hier früher die Geistlichen spazierten.

Die nördliche Straße, der eigentliche Paseo del Parque, ist recht breit und stark befahren. Getrennt durch einen schmalen Grünstreifen verläuft hier noch eine weitere schmale Straße, die Avenida de Cervantes. An dieser Straße stehen noch einige repräsentative Gebäude, beispielsweise der große **Palacio de Aduana**, in dem heute das Museo de Málaga 25 untergebracht ist. Das rechteckige Gebäude entstand zwischen 1787 und 1829 im neoklassischen Stil, hier sollte die Zollbehörde (span. „Aduana") den Warenverkehr über den Hafen überwachen. Als Zollamt wurde das Gebäude ab 1839 genutzt, vorher gab es eine Zwischenlösung als Tabakfabrik.

Ein weiteres dekoratives Haus ist das **Rectorado de la Universidad** (Universitäts-Rektorat, Avda. de Cervantes 2), in dem vorher das Post- und Telegrafenamt saß, bis dieses 1986 an einen anderen Standort umzog. Das verspielt dekorierte Gebäude mit einem wuchtigen Seitenturm und einem Portal in Hufeisenform ist im Neo-Mudéjarstil erbaut und wurde 1923 nach siebenjähriger Planungs- und Bauzeit eingeweiht.

Das nächste schicke Gebäude ist das **Ayuntamiento** (Rathaus, Avenida de Cervantes 4) von Málaga, erbaut zwischen 1911 und 1919 im neobarocken Stil. Markant ist sein wuchtiges Portal mit flankierenden Säulen, darüber befinden sich eine große Uhr und eine Figurengruppe. Diese versinnbildlichen die Gewerbe, die im 19. Jh. für den wirtschaftlichen Aufschwung der Stadt sorgten: Architektur, Fischfang und Handel.

036ma-hj

037ma-jg

Verdiales-Musikgruppen

Gelegentlich treten am Paseo del Parque 24 kleine, bunt gekleidete Musikgruppen auf, sogenannte Pandas de Verdiales. Diese stammen aus dem ländlichen Raum und spielen uralte Volkslieder, es gibt sogar ein eigenes Festival (28. Dezember), bei dem ausschließlich Verdiales-Gruppen auftreten. Diese Gruppen bestehen aus einem kleinen Orchester mit Geigen, Gitarren, kleinem Becken, Schellen, einem Vorsänger und Tänzer. Alle sind bunt gekleidet und viele tragen einen Hut, der mit Blumen und Bändern bunt geschmückt ist.

Neben dem Rathaus erstreckt sich der streng geometrisch angelegte Park **Jardines de Pedro Luis Alonso**, benannt nach dem ersten Bürgermeister der Nachkriegszeit (1942–1943 und erneut 1952–1958). Er ist kleinteilig und im französischen Stil mit Blumenbeeten und sehr niedrigen Begrenzungen gehalten, sodass eine symmetrische Form mit weiten Blickachsen entstand. Einige Bäume spenden Schatten, kleine Wasserläufe bieten etwas Frische. Obwohl über eine stark befahrene Straße nicht weit entfernt viel Verkehr braust, herrscht in diesem kleinen Park eine angenehme, ruhige Atmosphäre. Im oberen Teil liegt ein kleiner Teich, dort steht auch die Skulptur der **zweiten Symbolfigur von Málaga**, der eines **Biznaguero**, eines Verkäufers von Jasmin-Sträußen.

Das Rathaus von Málaga (Ayuntamiento)

Wie in einem Palmengarten: der Paseo del Parque 24

25 Museo de Málaga ★★★ [D4]

In einem der ältesten Gebäude am Paseo del Parque 24, dem Palacio de Aduana („Zollgebäude“, erbaut zwischen 1787 und 1829 um einen riesigen Innenhof), befindet sich heute das Museo de Málaga mit zwei unterschiedlichen Abteilungen, einer archäologischen (zweite Etage) und einer der Schönen Künste („Bellas Artes“, erste Etage).

Beide Abteilungen waren früher eigenständige Sammlungen, 1972 wurden sie zusammengeführt, seit Ende 2016 werden sie in diesem schönen Gebäude gemeinsam ausgestellt.

Etwa 2000 Objekte aus dem 14. bis 20. Jh. umfasst die Sammlung Bellas Artes, die archäologische Sammlung 15.000 Fundstücke. Beim Museo de Málaga handelt es sich um das **fünftgrößte Museum in Spanien** und das größte Andalusiens.

In der **archäologischen Abteilung**, in der Objekte von der Steinzeit bis ins Jahr 1487 ausgestellt werden, gibt es im Eingangsbereich eine gut

039ma-mux

gemachte **Zeittafel**, die einen Überblick über erste frühe Kulturen in ihrem jeweiligen zeitgeschichtlichen Kontext vermittelt und die entsprechenden Funde in und um Málaga aufzeigt. So erhält man einen sehr schönen Überblick über das reiche archäologische Erbe der gesamten Region Málaga. Gezeigt wird ein chronologischer Abriss über Funde aus der Zeitspanne 8. Jh. v. Chr. bis zum Mittelalter mit Artefakten aus der Epoche aller großen Kulturen, die hier siedelten (Phönizier, Griechen, Römer, Muslime). Es sind viele kleinteilige Funde, aber auch einige wirklich herausragende, beispielsweise das sehr große und **sehr schöne Mosaik aus der Römerzeit**, das in dem kleinen Ort Cartama westlich von Málaga gefunden wurde. Es zeigt die **Geburt der Venus**, einer in einer Muschel liegenden Venus.

Die **Sammlung der Schönen Künste** hat in Málaga eine lange Tradition, ein erstes Museum wurde bereits 1916 eröffnet. Ausgestellt sind u. a. **Werke von Murillo, Alonso Cano, Velázquez, Ribero, Goya, Zurbarán, Sorolla und Pedro de Mena.**

Das Museo de Málaga 25 im alten Zollgebäude

Speziell die **Sammlung mit Werken aus dem 19. Jh.** zählt zu den besten in Spanien. Ausgestellt sind auch lokale Künstler. Aus der Moderne sind Werke bis in die 1950er-Jahre ausgestellt.

› c/ Alcazabilla 2, geöffnet: Di.–Sa. 9–21, So. 9–15 Uhr, Eintritt: frei für EU-Bürger, sonst 1,50 €

26 Plaza de Toros ★ [F4]

Diese **Arena** befindet sich unmittelbar neben dem Stadtstrand La Malagueta 35 und wird deshalb auch **Plaza de Toros de La Malagueta** genannt. Sie wurde von Joaquín Rucoba im Jahr 1874 im Neo-Mudéjarstil errichtet, hat einen Durchmesser von 52 m und bietet ca. 9000 Zuschauern Platz. Zuletzt fanden hier nur unregelmäßig Stierkämpfe statt, dafür häufiger auch Festivals und Konzerte und es ist geplant, die gesamte Arena zu einer Ausstellungs- und Einkaufszone umzugestalten.

Hier befindet sich auch das kleine **Museo Taurino Antonio Ordoñez**, benannt zu Ehren eines Stierkämpfers aus Ronda (westlich von Málaga). Ausgestellt sind die **Bekleidung bekannter Toreros, historische Fotos, Plakate** und **Zeichnungen u. a. von Goya, Picasso und anderen** sowie weitere Exponate rund ums Thema Stierkampf.

› Paseo Reding 8, Tel. 952069823, geöffnet: Mo.–Fr. 9–14 Uhr, Eintritt: 1,80 €

27 Muelle Dos ★★★ [D5]

Parallel zum Paseo del Parque 24 verläuft unmittelbar am Meer eine sehr hübsch umgestaltete Promenade, die Muelle Dos (Mole zwei). Es handelt sich um eine sehr angenehme Flanierpromenade, die nicht sehr

Geliebt und verpönt – der Kampf mit den Stieren

Auch in Spanien wird um die „corrida de toros“ (Stierkämpfe) heftigst gestritten, fanatische Befürworter zanken sich mit ebensolchen Gegnern. Tatsache bleibt, dass der Stierkampf seinen Platz im spanischen Alltagsleben hat. Die wichtigsten Corridas werden live im Fernsehen übertragen. Damit nicht genug, die beste und angesehenste spanische Zeitung, „El País“, schreibt montags mit dem gleichen Ernst über die Stierkämpfe aus Madrid und Sevilla wie ein paar Seiten weiter über Fußball und Basketball, allerdings häufen sich auch die kritischen Stimmen, aber eher weniger in Andalusien.

Andalusien gilt gewissermaßen als die erste Liga. In den Sommermonaten finden jeden Sonntag in Städten wie Ronda, Estepona oder Málaga Stierkämpfe statt, meist zur klassischen Uhrzeit um 17 Uhr. Dies ist übrigens schon sprichwörtlich geworden, gilt doch eine Verabredung „a la hora de los toros“ (zur Uhrzeit der Stiere) als klar umrissener Zeitpunkt. In allen touristischen Orten werden Sonderfahrten angeboten, die Plakate hängen unübersehbar aus.

Hier soll nicht für den Stierkampf geworben werden, doch wer hingeht, sollte zumindest die Grundregeln kennen. Der Ablauf ist genau festgelegt, und jede Handlung, jede Körperdrehung hat ihren eigenen Namen.

Die „corrida de toros“ steht unter der Leitung eines Präsidenten („el presidente“). Sie beginnt immer mit dem Umzug aller Teilnehmer, dem „paseo“, bei dem die Musikkapelle den berühmten Paso Doble spielt. Angeführt wird der Zug von Männern in der Tracht des „siglo de oro“ (goldenes Jahrhundert = 16./17. Jh.). Dann folgen die drei Matadore, die je zwei Kämpfe bestreiten. Rechts geht der älteste, links der zweitälteste, in der Mitte der jüngste. Ihnen folgen die „picadores“ zu Pferd und die „banderilleros“. Den Schluss bilden die Helfer in roten Hemden und blauen Hosen, die nach dem Kampf den getöteten Stier von Maultieren aus der Arena schleifen lassen. Der Präsident wirft einen Schlüssel in die Arena, mit dem das Tor aufgeschlossen wird, hinter dem die Stiere warten.

Wenn der Stier in die Arena stürmt, beginnt die erste der drei Phasen, „tercio de varas“ (Drittel der Lanzen). Im Nacken des Stieres steckt ein kleines Fähnchen mit den Farben seiner Zucht. Der Matador und seine Helfer vollziehen zum Kennenlernen des Stiers einige Manöver mit der „capa“, einem gelb-weinroten Tuch. Dieser Teil wird „suerte de capa“ (Phase der Capa) genannt. Der Matador überprüft auch, ob der Stier gesund ist, die Sehkraft ungetrübt ist usw. Falls er nicht einwandfrei ist, wird der Stier auf Zeichen des Präsidenten wieder aus der Arena gelockt.

Im zweiten Abschnitt des ersten Drittels, „suerte de varas“, findet der Auftritt des Picadors statt. Dies ist gewöhnlich ein schwerer Mann, der auf einem muskulösen Pferd reitet, dessen Augen verbunden sind. Die Aufgabe des Picadors besteht darin, den Stier mit der „pica“, einer 2,60 Meter langen Lanze, zwischen den Schulterblättern zu treffen und ihn somit zu schwächen. Er muss dafür sorgen, dass der Stier nur von rechts angreift, da nur diese Seite besonders gut gepanzert ist. Er nutzt den Schwung des angreifenden Stieres aus, um die Lanze zwischen die Schulterblätter zu stoßen, da es ihm aus eigener Kraft nicht gelingen würde. Der Präsident entscheidet über die Anzahl der „picas". Dieser Akt wirkt tatsächlich recht brutal, verglichen mit den eleganten Bewegungen der Kämpfer in den beiden folgenden Dritteln. Da der Picador oft mit dem ängstlichen Pferd beschäftigt ist, kann der Stier schon mal Ross und Reiter zu Fall bringen und verletzen. In diesem Teil spielen auch die beiden Kreidekreise eine Rolle. Der Picador darf den Stier nur zwischen der Holzwand und maximal dem inneren Kreis bekämpfen, besser jedoch zwischen Wand und äußerem Kreis.

038ma-hj

Im zweiten Drittel, „tercio de banderillas", treten die Banderilleros auf. Ihre Aufgabe ist es, dem anstürmenden Stier zwei oder drei banderillas, kleine Holzstäbe mit einer Stahlspitze, in den Nacken zu stoßen. Das Ganze ist keine ungefährliche Sache. Stier und Mensch stürmen aufeinander zu, der Banderillero sticht mit Schwung in den Nacken und schwingt sich förmlich vorbei. Bleiben die Stäbe stecken, ist der Applaus gewiss.

Der dritte Teil, „tercio de la muerte", ist dann der eigentliche Auftritt des Matadors. Er beginnt mit einigen Manövern mit der „muleta", dem roten Tuch, und versucht sie möglichst mutig, geschickt und genau durchzuführen. Ob der Stier links vom Matador steht oder rechts, mit gesenktem Kopf oder erhobenem, jede Bewegung hat ihren Namen und ist genau festgelegt. Diese „faena de la muleta" soll nicht zu lange andauern, um den Stier nicht noch weiter zu quälen.

Aufgabe des Matadors ist es, den Stier schließlich in die richtige Stellung zu manövrieren, um ihm den tödlichen Stoß mit dem Degen zu versetzen. Der Kopf des Stieres muss weit gesenkt sein (Ablenkung durch die „muleta"), und der Degen muss an der Wirbelsäule vorbei genau zwischen die Schulterblätter gestoßen werden. Dieser Stoß, „Augenblick der Wahrheit" genannt, tötet den Stier sofort, wenn er richtig ausgeführt wird. Bei durchschnittlichen Matadoren muss er häufig mehrmals wiederholt werden, da dies nur einem guten Matador auf Anhieb gelingt.

‹ Die Stierkampfarena 26 wird auch für Konzerte genutzt

Wenn es geklappt hat, gibt es tosenden Applaus, die ganze Equipe schreitet stolz eine Ehrenrunde, und Maulesel schleifen den toten Stier aus der Arena. Zum Schluss gibt es für den erfolgreichen Kämpfer Geschenke und Blumen. Als Anerkennung erhält er das Ohr des Stieres, bei besonders gutem Auftritt beide Ohren und den Schwanz.

Eine „corrida de novillos" ist ein Anfängerkampf von Leuten, die noch nicht die „alternativa", die Matadorenweihe, erhalten haben. Die hier Auftretenden kämpfen mit Jungstieren. Der Stierkampf hat in Spanien und speziell in Andalusien noch immer genügend Fans, aber so langsam ändert sich doch etwas. Das nördliche Katalonien beispielsweise hat den Stierkampf verboten, was sofort heftige Proteste aus dem Süden hervorrief. Kein Wunder, ist Stierkampf doch auch ein Wirtschaftsfaktor: Arenen, Züchter, Toreros, Andenkenhändler – sie alle verdienen mit. Aber wie lange noch? Auch in andalusischen Arenen bleiben durchaus mal Sitze frei, denn die spanische Jugend orientiert sich eher nach Europa und wendet sich zumindest teilweise vom Stierkampf ab. Es dauert sicher, aber zu übersehen ist diese Entwicklung nicht. Auf Facebook gibt es die Anti-Stierkampf-Seite „No es mi fiesta nacional" („Es ist nicht meine Nationalfeier", wobei mit „fiesta nacional" eben der Stierkampf gemeint ist), die 705.000 Leuten gefällt.

Aber die Interessengruppen schlagen zurück, im spanischen Parlament wurde 2013 der Stierkampf zum „immateriellen Kulturgut" erklärt. Vorher gelang es sogar, 600.000 Unterschriften für ein Volksbegehren zu sammeln.

lang ausfällt, aber durch einen parallel liegenden Park vom Autolärm weitestgehend abgeschirmt ist. Ein kleiner Ruhepol, mitten in der City, noch dazu mit Meerblick!

Diese Zone beginnt etwa bei der Plaza de la Marina ㉓, die gesamte Mole wird durch eine gigantische Pergola von 450 m Länge gesäumt, weswegen dieser Abschnitt auch den Namen **Paseo de la Pergola** trägt, was manchmal für Verwirrungen sorgt. Das Ganze ist nett begrünt, es wachsen hier **408 Palmen** und es gibt **Rasen- und sogar Spielflächen für Kinder.** Jeder, der hier entlangschlendert, schaltet gleich einen Gang herunter. Auch ein paar Terrassenlokale haben sich niedergelassen und man kann hier tatsächlich sehr nett relativ ruhig hocken, der Verkehrslärm der gar nicht so weit entfernten Straße wird kaum vernommen.

Etwa mittig steht ein interessantes **Ausstellungsgebäude**, das sich dem Meer und seinen Bewohnern widmet, die **Aula del Mar** ㉘.

Vom Spazierweg zweigt am oberen Ende der Mole rechtwinklig die Muelle Uno (Mole eins) ab. Genau am Schnittpunkt beider Molen steht etwas erhöht ein bunter Glaskubus, dort ist das **Kunstmuseum Centre Pompidou** ㉙ untergebracht.

An der 472 m langen **Muelle Uno** liegt eine lange Kette von Lokalen und Geschäften, direkt am Hafen dümpeln Schiffe, darunter auch einige Ausflugsschiffe, die Touren entlang der Küste anbieten (s. S. 123). Sonntags findet hier am Nachmittag ein **Kunsthandwerkermarkt** statt, bei dem Künstler entlang der Mole kleine Verkaufskioske aufbauen und recht interessante Artikel anbieten. Ganz am Ende der Mole steht der 38 m hohe, **weiße Leuchtturm** aus

dem Jahr 1817, der ebenfalls zu einem Symbol für die Stadt Málaga geworden ist. Dazu trägt auch ein sprachliches Kuriosum bei, denn in Málaga wird der Leuchtturm mit einem weiblichen Artikel bezeichnet *(la farola)*, statt – wie es im Spanischen korrekt heißen müsste – *el faro*. Eine ähnliche sprachliche Variante gibt es sonst nur noch auf Teneriffa. Warum das so ist, konnte niemand erklären, aber die Malagueños sind auch darauf erkennbar stolz.

28 Aula del Mar (Museo Alborania) ★ [D5]

In drei Sälen wird in diesem **Meeresmuseum** versucht, mittels eines didaktischen Ansatzes über **verschiedene Elemente des Meeres** zu informieren, beispielsweise über die Tierwelt (Muscheln, Wasserschildkröten, Krebse, Fische in zwölf Aquarien, Wal-Skelette). Aber es werden auch Themen wie „Málaga und das Meer" oder die verschiedenen Kulturen, die am und vom Meer leben, die Geschichte des Tauchens und historische Schiffe behandelt. Speziell für Kinder dürfte der **Schifffahrtssimulator** spannend sein, an dem große und kleine Kapitäne mal einen Ozeandampfer steuern dürfen.

› Muelle Dos, http://museoalborania.com/museoalborania/english-version, geöffnet: Mo.-Mi. 10.30-14, Do.-So. 10.30-14, 16.30-18.30 Uhr, 1.7.-10.9. 11-14 und 17-20 Uhr, Eintritt: 7 €, Kinder (4-17 Jahre), Studenten und Rentner 5 €

29 Centre Pompidou ★★ [E4]

Dieses Museum der modernen Kunst ist in einem riesigen, farbenfrohen Glaswürfel untergebracht und eine Dependance des berühmten Pariser Centre Pompidou.

Die Pariser stellen hier Werke ihrer umfangreichen Sammlung aus, was allerdings zunächst auf fünf Jahre bis 2020 begrenzt ist, eine Verlängerung wird aber nicht ausgeschlos-

Die wunderbare Flaniermeile Muelle Dos 27

sen. Die Ausstellung in Málaga wird auf zwei unterirdischen Ebenen gezeigt, der Glaswürfel wirkt als Lichtquelle, der Ausstellungsbereich zeigt sich dagegen ziemlich nüchtern und schmucklos.

Das Gesamtkonzept der Ausstellung besteht aus drei Bereichen: Neben der eigentlichen Dauerausstellung mit Kunstwerken des 20. und 21. Jahrhunderts gibt es **Wechselausstellungen** und im dritten Bereich eine **Werkstatt für Kinder und Jugendliche.** Die Dauerausstellung besteht aus 90 Werken des Pariser Mutterhauses, darunter **Bilder von Pablo Picasso, Marc Chagall, Raoul Dufy, Frida Kahlo, Max Ernst, René Magritte, Sophie Calle, Francis Bacon.**

› Puerto de Málaga, Muelle 1, www.centrepompidou-malaga.eu, geöffnet: Mi.–Mo. 9.30–20 Uhr, Eintritt: 9 € (So. ab 16 Uhr freier Eintritt), ab 65 Jahren und Studenten bis 26 Jahre 5,50 €, Kinder unter 18 Jahre frei

30 Cementerio inglés (Englischer Friedhof) ★★ [G3]

Dieser stille und fast ein wenig unscheinbare Friedhof liegt im Stadtteil Limonar unweit des Meeres. Es handelt sich um den ersten protestantischen Friedhof Spaniens, er wurde 1831 gegründet.

Der Friedhof ist terrassenartig an einem Hang angelegt und umfasst etwa 1100 Gräber. Hier steht seit 1850 auch die kleine **Capilla (Kapelle) de San Jorge,** es war die erste protestantische Kirche in Spanien. Errichtet wurde sie vor allem für britische Kaufleute, die in Málaga residierten.

Der gesamte Friedhof wurde überhaupt nur angelegt, da in Málaga im frühen 19. Jh. bereits viele Ausländer lebten, aber die Verstorbenen, die zumeist Protestanten waren, nicht auf katholischen Friedhöfen bestattet wurden, sondern einfach am Strand. Um diesen unwürdigen Zustand zu beenden, initiierte der britische Konsul William Mark die Schaffung eines **eigenen protestantischen Friedhofs,** auf dem auch noch heute in Ausnahmefällen Bestattungen vorgenommen werden. Hier ruhen u. a. der britische Schriftsteller **Gerald Brenan** (1894–1987, siehe auch S. 106) im hinteren, oberen Bereich, dessen Grabstein den so zutreffenden wie schlichten Satz „Amigo de España" (Freund Spaniens) trägt. Weiterhin ruht hier der spanische Schriftsteller **Jorge Guillén** (geb. 1893 in Valladolid, gest. 1984 in Málaga) und auch **40 deutsche Seeleute der SMS Gneisenau,** die im Jahr 1900 bei einem schweren Schiffsunglück im Hafen von Málaga ertranken (s. S. 45).

› Avenida de Píes 1, http://cementerioinglesmalaga.org/en/visitas (inkl. Lageplan), Eintritt: 4 €, geöffnet: Mo.–Fr. 9–14.30 und 16.30–20.20, Sa./So. 10.30–15 Uhr

041ma-hj

▢ *Der Englische Friedhof ist ein kleiner Ruhepol nahe dem Zentrum*

Entdeckungen außerhalb des Zentrums

Etwas außerhalb des Zentrums finden sich zwei wunderbare Museen, beide auf dem gleichen Gelände übrigens (das Automobilmuseum 31 und das Russische Kunstmuseum 32), das Museum und Stadion des Fußballvereins CF Málaga 33 und der ganz wunderbare Botanische Garten. All diese Ziele lohnen einen Besuch und sind per Bus erreichbar.

31 Museo Automovilístico ★★★ [bl]

Die aus etwa 90 Luxusautos aus unterschiedlichen Epochen bestehende Sammlung stammt vom portugiesischen Unternehmer João Manuel Magalhaes, der seine Karossen zunächst für zehn Jahre in Málaga ausstellt. Insgesamt eine Ausstellung, die überrascht und auch Nicht-Autofans begeistern dürfte.

Das Museo Automovilístico befindet sich etwas außerhalb vom Zentrum auf dem weitläufigen Gelände einer ehemaligen Tabakfabrik, wo auch das Russische Kunstmuseum untergebracht ist 32.

Es handelt sich bei den gezeigten Exemplaren ausschließlich um bekannte Luxusmarken wie **Bentley, Bugatti, Ferrari, Jaguar, Mercedes, Rolls Royce** u. a., darunter auch etliche Raritäten, von denen nur wenige Exemplare hergestellt wurden. Die Autos sind nach Dekaden zusammengefasst, der älteste Wagen stammt aus dem Jahr 1898, der jüngste, ein Cadillac, aus den 1960er-Jahren. Nach Aussagen des Besitzers ist das wertvollste Auto ein Mercedes 540 K, den Nazi-Größen nutzten und der auf ca. 20 Millionen Euro taxiert wird. Durch die chronologische Aufstellung können Besucher die technische Entwicklung und vor allem auch die Veränderungen im Design verfolgen.

Begleitet wird die Autoausstellung von **exklusiven Damenkleidern aus der jeweiligen Epoche.** Eine perfekte Kombination, die eine Ahnung vom Luxus der jeweiligen Zeit gibt.

› Avda. Sor Teresa Prat 15, Bus Nr. 7 ab Alameda Principal, Tel. 951137001, www.museoautomovilmalaga.com, geöffnet: Mo.–So. 10–19 Uhr, Eintritt: 8,50 €, Studenten und Senioren ab 65 Jahren 6 €

042ma-mux

32 Museo Ruso ★★★ [bl]

Das Russische Kunstmuseum zeigt eine wunderbare Ausstellung und ist in einem neu geschaffenen, hellen Gebäude auf dem Gelände einer ehemaligen Tabakfabrik untergebracht. Die Werke stammen aus dem Russischen Museum St. Petersburg und bieten einen Querschnitt durch die reiche russische Kultur.

Die Ausstellung in Málaga ist die **erste europäische Filiale dieser russischen Institution** und wurde 2015 eröffnet. Geplant ist, die Ausstellung für wenigstens 10 Jahre in Málaga zu zeigen. Es handelt sich um eine Dauerausstellung **von etwa 100 Werken.** Die Dauerausstellung spannt den Bogen von älteren russischen Malern des 15. Jahrhunderts bis hin zur Zeit um Stalins Tod und zeigt **Ikonen, Landschaftsbilder, Porträts** und Gemälde, die **historische Ereignisse** illustrieren. Außerdem gibt es zweimal jährlich **wechselnde Ausstellungen** zu speziellen russischen Themen.

› Avda. Sor Teresa Prat 15, Bus Nr. 7 ab dem Zentrum bei der Alameda Principal, Tel. 951926150, www.coleccionmuseoruso.es, geöffnet: Di.-So. 9.30-20 Uhr, Eintritt: 8 €, ohne Wechselausstellung 6 €

33 La Rosaleda (Fußballstadion) ★ [cj]

Das Fußballstadion von Málaga CF steht ein wenig vom Zentrum entfernt nahe am Fluss Río Guadalmedina und trägt den Namen „La Rosaleda“, das **„Rosengarten-Stadion“**.

◁ *Luxus-Auto, kombiniert mit Luxus-Mode*

Die Mannschaft spielt derzeit in der ersten Liga, zeitweise sogar im oberen Bereich, zumindest seitdem sie ein Scheich aus Katar finanziell unterstützt. Das Stadion wurde am 14. September 1941 eingeweiht, aber das erste Pflichtspiel fand bereits fünf Monate früher statt, da das alte Stadion nach einer Überschwemmung nicht mehr genutzt werden konnte. Da waren die Bauarbeiten am neuen Stadion aber noch nicht abgeschlossen, das Spiel ging dennoch über die Bühne. Heute bietet La Rosaleda Platz für 30.000 Zuschauer. 1982 wurde es zur damals in Spanien ausgetragenen Weltmeisterschaft auf 45.000 Zuschauerplätze erweitert. Zwischen 2000 und 2006 wurde es erneut renoviert, seitdem gibt es fast nur noch Sitzplätze.

Málaga CF, wie der Fußballclub der Stadt offiziell heißt, wurde 1904 gegründet, damals noch unter dem Namen Club Deportivo Málaga (abgekürzt CD Málaga). 1948 fusionierte man mit dem Club Atlético Malagueño, unter diesem Namen spielt seitdem die zweite Mannschaft des Vereins. 1992 war CD Málaga insolvent und nach einigen Turbulenzen um die finanzielle Situation kam es zu einer Neugründung unter dem heutigen Namen Málaga Club de Fútbol. Diese Mannschaft spielt seit 1999 überwiegend in der ersten spanischen Liga. 2010 wurde der Verein von einem Scheich aus Katar gekauft, der auch die Schulden übernahm. Danach kamen einige namhafte Spieler nach Málaga, aber 2012 zog sich der Scheich zurück und die wichtigsten und teuersten Spieler ließen sich nicht mehr halten und wurden verkauft. Der europäische Fußballverband UEFA sah in der finanziellen

Unterstützung durch den Scheich obendrein eine Verletzung des sogenannten Financial Fair Play, nach dem ein Verein sich selbst refinanzieren müsse und nicht von Geldern Dritter abhängig sein dürfe und sperrte Málaga CF 2013 für die europäischen Wettbewerbe. Danach besann sich der Klub, verpflichtete einen weniger bekannten Trainer (Javi Gracia) und versuchte vor allem mit jungen Spielern aus dem eigenen Nachwuchsinternat zu bestehen, was auch gut gelang, die letzten Platzierungen in der spanischen Liga lagen zwischen Platz 8 und 11.

Ein **Besuch des Stadions** und des Museums führt u.a. durch den VIP-Bereich, die Präsidentenloge, den Pressebereich und die Mixed-Zone, wo die Spieler Interviews geben. Man kann auch einen Blick in den Kabinentrakt werfen. Das Museum informiert über die über 100-jährige Klubgeschichte mit all ihren Erfolgen.

› Paseo de Martíricos s/n, Bus Nr. 17 ab Alameda Principal bis Avda. Dr. Marañón, dann noch ca. 300 m Fußweg, Tel. 952104488, www.malagacf.com, geöffnet: Mo.–Sa. 10.30–14.30, 16.30–20.30 Uhr, stündliche Führungen (Spanisch, Englisch), Eintritt: 10 €, Kinder 5 €

34 Jardín Botánico La Concepción ★★ [ch]

Dieser **großzügige, angenehme Botanische Garten von 30.000 m² Größe** liegt etwas nördlich am Rande der Stadt. Zu ihm zählt auch noch ein **riesiges, 200.000 m² großes Waldgebiet.** Das Areal gehörte im 19. Jh. dem Unternehmer Jorge Loring Oyarzábal und seiner Frau Amalia Herdia Livermore, die beide einen Garten voller tropischer und subtropischer Pflanzen erschufen. 1990 ging der Garten in den Besitz der Stadt Málaga über und nach vierjähriger Umbauzeit entstand diese wunderbare Anlage mit **mehreren Themenbereichen** zu verschiedenen Pflanzen oder Ökosystemen (u.a. ein Japanischer Garten mit verschiedenen Bambusarten, Kakteen, Zitronen- und Orangenbäumen sowie Zypressen), die durch dazwischen platzierte kleine Kunstwerke aufgelockert sind.

Am südlichen Rand steht etwas erhöht vor einem kleinen Wasserbecken ein **historischer Pavillon**, von dem man einen tollen Blick auf die Stadt hat. Es folgt ein Spazierweg durch eine Baum- und später durch eine Palmenallee bis zum **Jardín histórico (historischer Garten)**, der eingebettet in eine Wasserlandschaft mit kleinen Wasserläufen, Springbrunnen und Kaskaden liegt. Hier steht auch der **neoklassische Casa-Palacio**, den die Familie Loring um 1865 bauen ließ.

Sehr schön gestaltet ist auch die Zone, die übersetzt **„In 80 Bäumen um die Welt“** heißt. Hier finden sich Pflanzen und Bäume aus allen Klimazonen. Diese werden übrigens von Kindern betreut, die eine Art Patenschaft übernommen haben. Das kleine **Museo Loringiano** stellte früher archäologische Funde aus, die in Málaga und Umgebung gefunden wurden, darunter auch Bronzetafeln aus der römischen Epoche mit dem Gesetzestext Lex Flavia Malacitano (siehe auch Teatro Romano 13). Diese Funde befinden sich heute zum großen Teil in Museen anderer Städte, vor Ort verblieben nur Erklärungstafeln, aber auch ein sehr schönes römisches Bodenmosaik aus dem 2. oder 3. Jh. Durch den angrenzenden Wald führt ein 1,2 km langer Wanderweg.

EXTRATIPP

Mit Bus 11 entlang der Strände

Bus Nr. 11 befährt von Málaga die gesamte Strandzone bis El Palo, fast bis zum Restaurant El Tintero II. (s. S. 63).

› Camino del Jardín Botánico 3, Anfahrt mit Bus Nr. 2 ab Alameda Principal 21 bis zur letzten Station „San José", von dort sind es etwa 15 Min. Fußweg, wobei auch die Autobahn unterquert werden muss, oder mit dem selten fahrenden Touristenbus von „City Sightseeing Málaga" (grüne Linie) ab Bahnhof etwa stündlich zwischen 11 und 16.30 Uhr (s. S. 123), Tel. 951926180, http://laconcepcion.malaga.eu, geöffnet: Di.–So. ab 9.30 Uhr, geschlossen wird 1.4.–30.9. um 19.30 Uhr, vom 1.10. bis 31.3. um 16.30 Uhr, Eintritt: 5,20 €, bis 16 Jahre, Studenten bis 26 Jahre und Rentner 3,10 €, So. ab 15.30 Uhr zwischen 1.4. und 10.9. freier Eintritt, genau wie ganztägig sonntags zwischen dem 1.10. und 31.3.

Strände in Málaga

Málagas Attraktivität wird maßgeblich durch seine sehr stadtnahen Strände mitbestimmt, in einem Fall befindet sich dieser sogar praktisch schon im Stadtgebiet. Selbst die etwas außerhalb gelegenen Gebiete sind schnell und einfach per Bus, Fahrrad oder sogar zu Fuß zu erreichen.

35 Playa La Malagueta ★ [G4]

Die Playa La Malagueta beginnt gewissermaßen auf Höhe der Stierkampfarena 26, die auch den Namen dieses Strandes trägt „La Malagueta". Der Strand ist 1,2 km lang und gut 50 m breit. Der Sand ist fein und hell. Es gibt genügend Servicehäuschen mit WC und Dusche und in regelmäßigen Abständen stehen hier auch größere Strandlokale, beispielsweise das „Antonio Martín". Eine recht breite Fußgängerzone begleitet den Strand, genau wie ein Radweg und eine Straße.

Am Strand Malagueta

043ma-jg

3 [F5] **Merendero Antonio Martín** €€, Playa Malagueta 4, Tel. 951776502, geöffnet: 13–16.30, 20–24 Uhr, im Winter Di. geschlossen. Das Lokal an der Strandpromenade, bietet eine gute Küche. Es verfügt über drei Bereiche: vorne einen etwas legeren für Tapas, hinten ist der etwas feinere Speiseraum zu finden, schließlich gibt es noch eine Terrasse mit Meerblick.

36 Playa La Caleta ★ [dk]

Unmittelbar an den Strand Malagueta 35 schließt sich der Strand La Caleta an. Er ist etwa einen Kilometer lang und hat etwas dunkleren Sand, seine Breite schwankt zwischen 50 und teilweise nur 20 m. Auch hier gibt es Serviceeinrichtungen, aber weniger Lokale als in Malagueta. Der Fußweg führt zwar unter Palmen hier entlang, aber auch eine viel befahrene Straße. Ganz im oberen östlichen Bereich liegt das alte Strandbad **Balneario del Carmen** aus den 1920er-Jahren. Es hat schon einen ziemlich gestrigen Charme, liegt vor einem Mini-Wäldchen an einem Kieselstrand und hat heute ein Terrassen-Lokal, ist aber immer noch angesagt unter den Malagueños.

EXTRATIPP

Die tägliche Welle

Einmal am Tag kommt es zum großen Erschrecken an den Stränden, immer wenn sich ungefähr zwischen 19.30 und 20 Uhr ein paar größere Wellen urplötzlich am Strand brechen. Erfahrene Málaga-Besucher und natürlich die Bewohner kennen dieses Phänomen und bringen rechtzeitig ihre Handtücher in Sicherheit. Woher kommt diese tägliche Welle? Gegen Abend erreicht die Schnellfähre, die Málaga mit Melilla verbindet, den Hafen und bremst ab. Dadurch entsteht diese Wasserbewegung, die sich ein paar Minuten später scheinbar überraschend in Form von recht ordentlichen Wellen fast schon im Nordseeformat am Strand bricht. Auf Spanisch wird dieses Phänomen „La ola del Melillero“ genannt, „die Welle des Melillero“, wobei mit Melillero die Fähre nach Melilla gemeint ist, einer spanischen Exklave in Marokko. Unter diesem Stichwort kann man sich bei YouTube auch Videos der Wellen anschauen.

37 Playa de Pedregalejo ★ [fk]

Pedregalejo liegt schon gute 3 km von Málaga entfernt und ist ein ehemaliges Fischerdorf mit kleinen, gedrungenen Häuschen am Strand, die immer noch sehr viel Charme haben. Die Durchgangsstraße führt oberhalb des Strandes vorbei, ein reiner Fußweg verläuft direkt zwischen Häusern und Strand. Er ist etwa 1,2 km lang und nicht sonderlich breit, der Sand hat hier eine leicht bräunliche Farbe. Entlang des Fußwegs und teilweise auch des Strands befinden sich sehr viele Lokale, praktisch alle mit einer Terrasse zum Meer. Eine sehr entspannte Atmosphäre insgesamt.

38 Playa del Palo ★ [fk]

El Palo liegt schon 8 km östlich von Málaga und ist ein kleines Fischerdorf. Der Strand ist 1,2 km lang, nicht breit (25 m) und von naturbrauner Farbe. Hier liegen viele bunte Fischerboote auf dem Sand. Manche werden noch zum Fischen genutzt, andere zum Grillen, denn überall wird hier über Holzkohle Espeto gegrillt, kleine Spieße hauptsächlich mit Sardinen oder anderen Fischen. Die Promenade ist hier ein ganz normaler Fußweg neben einer Autostraße zwischen Häusern und Strand und ohne größeren Schick. Überall findet man einfache Lokale und Grillecken. Ganz am oberen Ende liegt das größte und möglicherweise auch berühmteste Fischrestaurant dieses Gebiets, El Tintero II.

4 [gk] **El Tintero II** €, Ctra. de Almería 99, Playa del Dedo, von Málaga beispielsweise mit Bus Nr. 160 oder 161 bis zur Haltestelle „Tintero". Zurück nach Málaga: Vom Restaurant ca. 200 m am Strand entlang zurückgehen bis Querstraße c/ Doctor Antonio Gutiérrez Mata, von dort per Bus 11 bis Málaga fahren, Tel. 952206826, geöffnet: ab 12 Uhr durchgehend. Ein Fisch-Lokal mit großer Terrasse, zur Mittagszeit und am Wochenende immer voll. Die Kellner schleppen Fischplatten und Tellergerichte durch die Reihen und rufen lautstark aus, was es so gibt: „Leckere Sardiiiinen, oberleckere Sardiiinen", oder: „grüner Salat, der nicht dick macht", oder: „Calamaaaareeees, gaaaanz friiische Calamaaaareees". „Aussingen" wird dieses Anpreisen genannt, nun ja, richtig gesungen wird sicher nicht, aber sehr lautstark angepriesen. Wer etwas haben will, ruft genauso laut zurück. Ruckzuck hat man sein Essen, bezahlt wird nach Anzahl der Teller. Ein anderer Kellner kassiert und ruft dazu „y yo cobro" (und ich kassiere). Uriges Schauspiel, sehr rustikales Ambiente, mittelprächtiges Preisniveau, ein bisschen laut. Der Autor jedenfalls kennt in ganz Spanien kein vergleichbares Lokal.

Ausflugsziele

39 Cueva de Nerja (Höhle von Nerja) ★★★

Diese Tropfsteinhöhle liegt etwa fünf Kilometer außerhalb vom etwa 60 km östlich von Málaga gelegenen Nerja, es handelt sich um eine Millionen Jahre alte Höhle mit großartigen Formationen.

Entdeckt wurde die Höhle 1959 zufällig durch neugierige Kinder, ein Jahr später gab man sie für Besucher frei. Es handelt sich um einen **riesigen Höhlenkomplex.** Ihr Alter wird auf **fünf Millionen Jahre** geschätzt. Fundstücke deuten darauf hin, dass Menschen schon vor 25.000 Jahren in der Höhle gehaust haben. Heute beeindrucken den Besucher neben der schieren Größe die gewaltigen Stalaktiten und Stalagmiten, die sich im Laufe der Jahrtausende bilden konn-

044ma-mux

In der verwunschenen Cueva de Nerja

ten. Die gesamte Höhle hat zwei getrennte Bereiche, nur ein kleiner Teil ist für Besucher zugänglich. Die Gesamtlänge beträgt 4823 Meter, der tiefste Punkt liegt 31 Meter unterhalb des heutigen Eingangs.

Besucher werden halbstündlich in Gruppen hineingelassen. Die Einlasszeit ist auf der **Eintrittskarte** aufgedruckt, es kann durchaus sein, dass man eine Stunde oder länger warten muss. Wer das vermeiden will, bestellt sein Ticket vorab online unter http://cuevadenerja.es/en.

Beim Betreten wird man fotografiert, aber ein freundliches „No gracias" hilft, wenn man dies nicht möchte. Unerlässlich für den Rundgang ist der **Audioguide**, der im Preis inbegriffen ist und alle gängigen Sprachen bedient.

Zur Einführung wird ein **10-minütiger Film** gezeigt, dann geht die Gruppe hinunter in den Höhlenkomplex. Die Erklärungen zu den einzelnen Bereichen erfolgen über den Audioguide. Alleine gehen kann man nicht, die Führer achten darauf, dass die Gruppen zusammenbleiben, was wohl auch notwendig ist, denn teilweise ist es recht dunkel. Dies wird begründet, weil Licht grüne Flechten wachsen ließe, die u.a. die Wandmalereien zerstören würden.

Dann betritt man die unterschiedlichen **Grotten** und steht staunend vor den Gebilden, die die Natur hat entstehen lassen – vor allem in der **Sala de Cataclismo**, in der noch Spuren eines Erdbebens vor 800.000 Jahren erkennbar sind, denn einige der Stalaktiten sind abgebrochen oder haben sich durch die Erdstöße verschoben. Im Zentrum steht ein mächtiges Gebilde aus Tropfsteinen, etwa 60 m hoch und fast 20 m im Durchmesser. Es sind mächtige Steingebilde, die entstanden sind, die Stalaktiten hängen bzw. die Stalagmiten wachsen nach oben und auch einige dicke Säulenformationen konnten sich bilden. Die berühmten **Höhlenmalereien** sind wegen der Dunkelheit für den Besucher kaum auszumachen, die meisten Zeichnungen sind leider nur für Wissenschaftler in einem abgesperrten Bereich zugänglich.

Zu bestimmten Terminen im Sommer finden **Konzerte in der Höhle** statt. Zu diesem Zweck wurde eine Bühne errichtet und einige rustikale Stuhlreihen wurden davor platziert. Im Gesamtbild stört das ein wenig, aber so ein Höhlenkonzert ist zugegebenermaßen ein ganz einmaliges Spektakel.

Im Außenbereich der Anlage liegt ein großer **Parkplatz**, eine **Bushaltestelle**, ein großes **Restaurant** mit Aussichtsterrasse und zwei weitere interessante Einrichtungen:

Rechts vom Parkplatz befindet sich der kleine Botanische Garten **Jardín botánico „Detunda"**, ein Gebiet von 26.000 m², auf dem 200 verschiedene Pflanzensorten wachsen, von denen die meisten sogar endemisch sind, also nur in dieser Zone vorkommen, und die Flora des benachbarten Gebirges repräsentieren. Ein Weg führt durch diese Zone und verlängert sich über eine Brücke über die Autobahn bis nach Maro, einem kleinen Ort am Meer.

Interessant ist auch ein ergänzender **Spaziergang im Außenbereich**, der links beim öffentlichen WC-Gebäude beginnt. Der 800 m lange **Wanderweg Sendero Cueva de Nerja – Almijara** führt auf einem Rundweg rasch in die Natur und oberhalb der Höhle entlang. Hinweisschilder erklären, oberhalb welcher Grotten oder Abschnitte man sich gerade befindet.

- **Busse der Gesellschaft Alsa** fahren von Málaga aus etwa im stündlichen Rhythmus direkt bis zu den Höhlen (weitere Busse „nur" bis Nerja, und damit nicht zu der Höhle), ein Fahrplan für die Rückfahrt hängt am Busparkplatz vor dem Höhlenkomplex. Ein früher Direkt-Bus ab Málaga startet beim Busterminal am Hafen um 8.20 Uhr (Ankunft 9.55 Uhr).
- geöffnet: tägl. 9–15.30 Uhr, Juli/August tägl. 9–18.30 Uhr (jeweils letzter Einlass eine gute Stunde vorher), Eintritt: 10 €, Kinder (6–12 Jahre) 6 €

40 Frigiliana ★★★

Frigiliana ist ein Kleinod. Ohne Übertreibung darf gesagt werden, dass es eines der schönsten Weißen Dörfer weit und breit ist und noch stark sein arabisches Bild erhalten konnte. Hübsch dekorierte weiße Häuser ziehen sich an den steilen Gassen hoch. Autos können im Ortskern nicht fahren, selbst die Bewohner müssen ihre Wagen unten an der Hauptstraße stehenlassen.

Frigiliana ist zweigeteilt. Der **neue Ortsteil** ist zwar in ähnlichem Stil gebaut wie der alte, der **„Barrio morisco"** („Morisken-Viertel") genannt wird. Auch hier sind die Häuser weiß und meist niedrig, aber eben modern gebaut; in diesem Viertel können auch Autos fahren. Das alte Viertel ist optisch unglaublich reizvoll. Schon von Weitem genießt man entlang der Zufahrtsstraße einen **spektakulären Fernblick** auf dieses schöne Weiße Dorf, aus dessen Mitte einzig der Kirchturm farblich etwas abweichend gräulich-braun heraussticht.

045ma-mux

Frigiliana, eines der schönsten weißen Dörfer in ganz Andalusien

Und der ganze Ort ist sehenswert! Die Häuser blitzen weiß, die Blumenkästen an den Hauswänden werden liebevoll gepflegt, Fenster und Türen regelmäßig gestrichen. Da die Gassen so eng sind, spaziert der Besucher endlich mal unbelästigt vom motorisierten Verkehr durch die Straßen und kann auf die Details achten. So wird man sicherlich auch die Kachelbilder entdecken. Insgesamt existieren **zwölf Abbildungen auf Kacheln,** der zugehörige Text erzählt von einer Schlacht aus dem Jahr 1569, als ein christliches Heer die Festung Frigiliana eroberte. Frigiliana war lange maurisch geprägt. 1492 mussten die letzten maurischen Herrscher das Land verlassen, die maurische Bevölkerung verblieb zunächst im Lande und konnte auch ihre Religion ausüben, sie mussten aber an die christliche Krone Steuern zahlen und das Land kultivieren. 1502 wurden dann aber alle Muslime aufgefordert, entweder zum Christentum zu konvertieren oder das Land zu verlassen. Somit konvertierte die verbliebene

Wanderung Caminito del Rey

Ein spektakulärer Wanderweg in der Nähe von Álora, der früher als gefährlichster Klettersteig weltweit galt, wurde zu einer sicheren Touristenattraktion umgebaut. Er führt durch zwei tiefe Schluchten und lässt atemberaubende Ausblicke zu. Er ist heute für Jedermann zu schaffen, eine gewisse Sportlichkeit vorausgesetzt. Höhenangst sollte man aber möglichst nicht haben! Der Weg führt an den hochaufragenden Felshängen des Desfiladero de los Gaitanes bei El Chorro entlang.

Ursprünglich entstand dieser Weg Anfang des 20. Jh. als Versorgungsweg für die Arbeiter eines Wasserkraftwerks. Mit der Zeit aber verfiel der Weg immer mehr und wurde zwischenzeitlich wegen zu großer Absturzgefahr gesperrt. Alle Wanderer müssen unterwegs einen Helm tragen. Man geht über einen Laufsteg durch die erste Schlucht, dann auf einem Wanderweg durch ein Tal und schließlich erneut auf einem Laufsteg durch die zweite Schlucht, immer entlang der steil aufragenden Felsen und zum Schluss über eine spektakuläre Hängebrücke, die auch Blicke nach unten durch den Boden ermöglicht. Der Blick wandert wirklich tief hinunter, was nicht jedem behagt.

Praktische Infos

› *Der eigentliche* ***Wanderweg*** *ist 2,9 km lang, davon 1,5 km Klettersteig, 1,4 km Sand- und Forstwege. Zusätzlich geht man 2,7 km vom Parkplatz beim Restaurant El Kiosko bis zum eigentlichen Eingang (acceso norte) in die Schlucht und vom Ausgang (acceso sur) sind es noch einmal 2,1 km bis zum Bahnhof. Insgesamt ist der Weg also 7,7 km lang, der nur von Nord nach Süd gelaufen wird, nicht umgekehrt. Dauer der Wanderung: 4–5 Stunden, wenn man auch die Wege zum Eingang und nach dem Ausgang berücksichtigt.*

046ma-mux

- *Der Eintritt kostet 10 €, zuzüglich 1,55 € für den Shuttlebus. Man muss sich zwingend lange im Voraus unter www.caminitodelrey.info anmelden. Die Zahl der Wanderer ist pro halbe Stunde limitiert, jeder Besucher erhält eine festgesetzte Zeit, zu der „seine" Wanderung beginnt. Etwa eine halbe Stunde vorher sollte man am Nordeingang eintreffen, dort werden die Gruppen zusammengestellt und jeder erhält einen Helm.*
- *Es gibt* ***zwei Zugänge*** *zum Eingang acceso norte vom Parkplatz beim Restaurant El Kiosko: den oberen, bereits erwähnten und 2,7 km langen Weg und einen etwas kürzeren Weg über 1,5 km, der aber durch einen Tunnel führt.*
- ***Anreise*** *zum Parkplatz beim Restaurant El Kiosko: Entweder mit dem Auto bis zum Parkplatz oder per Bahn ab Málaga bis zum Bahnhof El Chorro. Abfahrt in Málaga: 10 Uhr, Ankunft in El Chorro: 10.48 Uhr, Rückfahrt ab El Chorro: 18 Uhr, Ankunft in Málaga: 18.50 Uhr. Vom Bahnhof El Chorro pendelt ein Shuttlebus in 30 Minuten zum Restaurant El Kiosko. Wer mit dem Auto angereist ist, nutzt den Shuttlebus zur Rückfahrt zu seinem Auto nach Ende der Wanderung.*
- ***Öffnungszeiten des Caminito del Rey:*** *29.10.–25.3. Di.–So. 9.30–15 Uhr, 26.3.–28.10. Di.–So. 9.30–17 Uhr*
- ***Verbote und Hinweise:*** *Kinder unter acht Jahren dürfen den Weg nicht nutzen. Unterwegs gibt es keine Toiletten. Rucksäcke, Taschen, Hunde, Kinderwagen, Badelatschen, Regenschirme, Stativ oder Selfiesticks darf man nicht mitnehmen.*

maurische Bevölkerung zwangsweise zum Christentum und trug seitdem den Beinamen **Morisken.** Aber auch diese Gruppe wurde später immer stärker bedrängt, u. a. auch durch die brutale christliche **Inquisition,** die am „rechten Glauben" der Konvertiten zweifelte. 1568 kam es zu einem großen **Aufstand** und anschließender Schlacht, diese Geschichte wird in Frigilianas Altstadt auf mehreren Kachelbildern nacherzählt. Der Fußgänger kommt kräftig ins Schnaufen angesichts der steilen Wege, wird aber auch mit tollen Ausblicken belohnt. Obendrein bieten eine Reihe von kleinen Läden Kunsthandwerk an und eine Bar findet sich auch. Die arabischen Häuser wurden meist von außen etwas unscheinbar errichtet, beherbergen aber im Innern nicht selten eine ungeahnte Pracht. Oft führte die Tür nicht direkt ins Haus, sondern zunächst in einen kleinen Garten. Dies ist zwar heute längst nicht mehr in jedem Gebäude so, doch man sieht es noch vereinzelt.

Die kleine dreischiffige **Iglesia de San Antonio** liegt an der Hauptstraße Calle Real vor der Plaza de la Iglesia. Die wurde 1676 auf den Resten einer ehemaligen Moschee erbaut, wie es seinerzeit üblich war. Sie hat helle Wände, die Stützpfeiler laufen in Halbbögen aus, deren Ränder teilweise goldfarben eingefasst sind. Stimmig dazu ist der Altarbereich ebenfalls von einem Halbbogen umgeben. Das Kreuz, stilistisch und farblich angepasst, wird von Abbildungen des hl. Antonius von Padua und der Jungfrau Maria flankiert. Das Hauptschiff wird von einer prächtigen Deckentäfelung im Mudéjar-Stil geschmückt. Nach Restaurierungsarbeiten entdeckte man Freskenmalereien aus dem 17. Jahrhundert.

Im **Museo Arqueológico** wird auf immerhin 400 m² Fläche die Geschichte des kleinen Ortes anhand von archäologischen Fundstücken in einer sehr schön gestalteten Ausstellung erläutert; insgesamt sind 125 Objekte in chronologischer Abfolge ausgestellt. Eines der ältesten Fundstücke ist der Schädel eines Kindes aus dem Neolithikum, etwa aus der Zeit um 4000 bis 5000 v. Chr. Ergänzt wird diese Schau durch eine Ausstellung moderner Kunst von lokalen und überregionalen spanischen Künstlern. Im selben Gebäude befindet sich die **Touristeninformation.**

★**5 Iglesia de San Antonio**, c/ Real

6 Museo Arqueológico, Palacio del Apero, Cuesta de Apero 10, www.museodefrigiliana.org, geöffnet: Juli–Mitte September Mo.–Fr. 10–14.30 und 17.30–21, Sa./So. 10–14 Uhr, Mitte September–Juni Mo.–Fr. 10–18, Sa./So. 10–14, Sa. auch 16–20 Uhr, Eintritt frei

Gastronomie

7 El Mirador €€, c/ Santo Cristo 29, Tel. 952533291, geöffnet: Do.–Di. ab 13 Uhr. Gehobenere Küche mit einer netten Terrasse, von der man einen tollen Blick über das Dorf hat. Serviert werden Fisch, Fleisch und vegetarische Speisen. Das Lokal liegt am Weg hoch zum Aussichtspunkt Castillo und ist im Barrio morisco (s. S. 65) ausgeschildert.

8 Garden Restaurant €€, Castillo Santo Cristo s/n, Tel. 952533185, geöffnet: Di.–So. ab 19 Uhr. Hier gibt es Tapas, Cocktails, internationale Küche und von der Terrasse einen sensationellen Blick über das Dorf.

9 Plaza 45 €, Carretera Circunvalación 6, Tel. 952533329, ab 9 Uhr durchgehend. Eines von mehreren Lokalen oberhalb des Parkhauses mit Blick von der Terrasse aufs Dorf. Tapas, Salate, Fisch, Fleisch, Kinderkarte und WLAN.

10 Restaurant La Bodeguilla €, c/ Chorruelo 7, etwas unterhalb der Kirche gelegen, Tel. 952534116. Von der Terrasse hat man einen sagenhaften Blick ins Tal. Dieses Lokal hat am Abend schon zu nordeuropäischen Essenszeiten geöffnet. Es gibt klassische *comida casera*, sozusagen „Futtern wie bei Muttern".

11 Virtudes €, c/ San Sebastián 1, Tel. 952533101, geöffnet ab 8 Uhr. Liegt am Hauptplatz und bietet eine bodenständige andalusische Küche. Hat auch eine größere Terrasse, allerdings an der Zufahrtsstraße, von der man aber wiederum einen schönen Blick auf umliegende Berge und die Altstadt hat.

Verbindung von/nach Málaga

› **Per Auto:** Parkmöglichkeiten gibt es direkt an der Zufahrtsstraße, ruhig schon frühzeitig nutzen. Je dichter zum Ort, desto schwieriger. Ein unterirdisches Parkhaus befindet sich direkt am zentralen Platz, wo auch der Bus hält.

› **Per Bus:** Zunächst per Bus von Málaga bis Nerja fahren, Abfahrten: 7, 8, 9.15, 10.30, 11 Uhr und weitere stündlich vom Busterminal oder jeweils ca. 5 Minuten später von der Bushaltestelle am Hafen Muelle Heredia. In Nerja hält der Bus an der Durchgangsstraße, man steigt aus, überquert die Straße und findet dort den weißen Anschlussbus nach Frigiliana, der nicht zur Gesellschaft Alsa gehört. Zurück von Nerja fahren die Busse etwa stündlich bis 21.10 Uhr. Fahrtdauer: ca. 80 Min.

› **Bus Nerja-Frigiliana:** Mo.–Fr. 7.20, 9.45, 11, 12, 13.30, 15, 16, 19, 20.30 Uhr, Sa. 7.20, 9.45, 12, 13.30, 15, 19, 20.30 Uhr, So. kein Verkehr

› **Frigiliana-Nerja:** Mo.–Fr. 7, 8, 10.30, 11.30, 12.45, 13.45, 15.30, 16.30, 19.30, 21 Uhr, Sa. 7, 8, 10.30, 12.45, 13.45, 16.30, 19.30, 21 Uhr, So. kein Verkehr, Preis: 1 €

MÁLAGA ERLEBEN

050ma-mux

Málaga für Kunst- und Museumsfreunde

Málaga hat die Kunst entdeckt, seit die Stadt sich mit dem nordspanischen San Sebastián um den Titel „Europäische Kunsthauptstadt 2016" bewarb, aber letztlich doch unterlag. Da merkten die Stadtväter, dass sich mit Kunst Touristen anlocken lassen und man seiner Stadt insgesamt ein positives, „anderes" Image verpassen kann. Nicht zuletzt deswegen eröffneten in den letzten Jahren mehrere großartige Kunstmuseen, die tatsächlich viele Besucher anlocken. Darüber hinaus gibt es auch etliche Kunstgalerien, die teilweise seit Jahrzehnten bestehen. Und mit dem hafennahen Stadtteil Soho versucht man, ein eigenes Kunstviertel zu etablieren, wobei da aber noch einiges zu tun ist. Gleichwohl, die Anfänge sind auch dort gemacht.

Museen

31 [bl] **Automobilmuseum (Museo Automovilístico).** Sammlung von etwa 90 Luxusautos aus unterschiedlichen Epochen, die in Dekaden zusammengefasst sind. Diese Sammlung wird durch exklusive Damenkleider aus der jeweiligen Epoche ergänzt (s. S. 58).

M12 [C3] **Flamenco-Museum Peña Juan Breva,** c/ Ramón Franquedo 4, Tel. 952221380, www.museoflamencojuanbreva.com, geöffnet: Mo.–Fr. 10–14 Uhr, Eintritt: 1 €. Die kleine Ausstellung gehört zur Flamenco-Vereinigung Peña Juan Breva und ist in einem historischen Haus aus dem 19. Jh. untergebracht. Unten befinden sich die Räume mit Bar und Veranstaltungsbühne, hier finden immer wieder Aufführungen statt. In den oberen beiden Etagen wird die Ausstellung gezeigt. Sie ist mit historischen Dokumenten, Fotos, Zeichnungen und Plakaten der örtlichen Flamenco-Szene vergangener Jahre bestückt. Weiterhin gibt es eine Sammlung von Gitarren, Flamenco-Platten und einige typische Flamenco-Kleider, alles bezogen auf die lokalen Künstler in Málaga. Im Treppenaufgang hängen interessante Texte zu Künstlern und Flamencostilen an den Wänden, leider nur auf Spanisch.

22 [A6] **Centro de Arte Contemporáneo de Málaga.** Hier wird in fünf Abteilungen moderne Kunst gezeigt, die aus dem letzten Drittel des 20. Jahrhunderts bis heute stammt, darunter eine Dauerausstellung mit ca. 400 Exponaten. Außerdem nehmen Wechselausstellungen einen breiten Raum ein (s. S. 47).

29 [E4] **Centre Pompidou.** Eine Dependance des berühmten Pariser Kunstmuseums Centre Pompidou, untergebracht in einem riesigen, farbenfrohen Glaswürfel. Zu sehen sind etwa 90 Kunstwerke aus dem 20. und 21. Jh. (s. S. 56).

28 [D5] **Meeresmuseum Aula del Mar (Museo Alborania).** Über einen didaktischen Ansatz und einige Mitmachstationen werden verschiedene Elemente des Meeres vermittelt, mit speziellem Augenmerk auf die Bucht von Málaga (s. S. 56).

4 [B3] **Museo Carmen Thyssen.** In Madrid steht das Hauptmuseum der Sammlung Thyssen-Bornemisza, hier in Málaga werden insgesamt 230 Werke spanischer Künstler aus dem 19. Jahrhundert

Vorseite: Logenplatz mit Aussicht

Das kleine, aber feine Flamenco-Museum Peña Juan Breva

049ma-hj

ausgestellt, vielfach wird das typische Landleben aus Südspanien thematisiert (s. S. 23).

25 [D4] **Museo de Málaga.** Das Museo de Málaga hat zwei unterschiedliche Abteilungen, eine archäologische und eine der Schönen Künste („Bellas Artes").

10 [C3] **Museo Picasso Málaga.** In einem historischen ehemaligen Adelspalast werden über 200 Werke des Ausnahmekünstlers gezeigt (s. S. 30).

9 [C4] **Museo Revello de Toro.** Ausstellung zum Leben und Werk des aus Málaga stammenden Malers Félix Revello de Toro (1926 geboren). Ausgestellt in einem der wenigen erhaltenen Wohnhäuser aus dem 17. Jahrhundert, in dem der geniale Holzschnitzer Pedro de Mena seine Werkstatt hatte. Die Ausstellung zeigt etwa 100 Werke des Malers, vor allem Ölgemälde, Skizzen oder Zeichnungen sowie Frauenporträts mit fast schon fotografischer Genauigkeit und erkennbar viel Liebe zum Detail (s. S. 29).

18 [A4] **Museo Unicaja de Artes y Costumbres Populares.** In diesem ehemaligen Gasthaus aus dem 17. Jh. befindet sich eine gut gemachte Ausstellung zu Volksbräuchen und -kunst der ländlichen und städtischen Bevölkerung in der Region Málaga des 18. und 19. Jahrhunderts (s. S. 43).

M13 [B3] **Museum der Osterprozessionen (Museo del Arte Cofrade Semana Santa),** c/ Muro de San Julián 2, geöffnet: Mo.–Fr. 10–14 und 16–18 Uhr, Eintritt: 5 €. In dem häufig geschlossenen Museum werden Exponate der Agrupación de Cofradías (Vereinigung der Osterprozessionsbruderschaften) von den Osterprozessionen, deren Musik, Kunsthandwerk, Tronos und Figuren gezeigt, also alles, was im Zusammenhang mit der Semana Santa (s. S. 96) steht, die Geschichte der Bruderschaften und Erklärungen zu den Prozessionen. Weiterhin gibt es Wechselausstellungen, die jeweils thematisch mit der Osterwoche in Verbindung stehen.

M14 [E3] **Museum des kulturellen Erbes Málagas (Museo del Patrimonio Municipal),** Paseo Reding, http://museodelpatrimoniomunicipal.malaga.eu, geöffnet: Di.–So. 10–14 und 17–20 Uhr, Eintritt frei. Das Museum widmet sich dem reichhaltigen heimatlichen kulturellen Erbe mit seiner Geschichte, den religiösen und weltlichen Festen und den alljährlich wiederkehrenden Bräuchen. Die Sammlung umfasst etwa 4000 Exponate (Skulpturen, Gemälde, Grafiken), die chronologisch geordnet in drei Sälen ausgestellt sind und vom 15. Jh. bis ins 20. Jh. reichen. So werden beispielsweise Gemälde zu örtlichen Festen aus dem 15. Jh. gezeigt oder die Stadtentwicklung anhand von historischen Plänen, aber auch die Neuzeit wird in Form von modernen Skulpturen aus dem 20. und 21. Jh. dargestellt. Ergänzend gibt es im Eingangsbereich ständig wechselnde Ausstellungen zu Themen mit Bezug zu Málaga.

33 [cj] **Museum und Fußballstadion CF Málaga.** Neben dem Fußballstadion des Vereins Málaga CF kann auch das angeschlossene Museum besichtigt werden. Informiert wird über die über 100-jährige Klubgeschichte mit all ihren Erfolgen (s. S. 59).

16 [D2] **Museo Casa Natal de Picasso (Picassos Geburtshaus).** In Picassos Geburtshaus an der Plaza de la Merced befindet sich ein thematisch zweigeteiltes Museum, es zeigt die Zeit Ende des 19. Jahrhunderts, als Picassos Familie hier lebte, und exemplarische Werke Picassos (s. S. 40).

› Im **Palacio Episcopal** 8 werden neben einer Dauerausstellung auch wechselnde Kunstausstellungen gezeigt.

26 [F4] **Plaza de Toros mit Stierkampfmuseum.** In der Stierkampfarena befindet sich auch ein Museum, das Exponate zum Thema Stierkampf zeigt (s. S. 52).

32 [bl] **Russisches Kunstmuseum (Museo ruso).** Das russische Kunstmuseum in Málaga spannt den Bogen von älteren russischen Malern des 15. Jahrhunderts bis in die 1950er-Jahre, die Exponate stammen aus dem Russischen Museum St. Petersburg (s. S. 59).

M15 [C3] **Sala Unicaja de Exposiciones Siglo,** Plaza del Siglo, geöffnet: Mo.–Fr. 17–20 Uhr, Eintritt frei. Im ersten Stock der Bank Unicaja wird Gegenwartskunst ausgestellt.

Kunstgalerien

G16 [B6] **El Estudio de Ignacio del Río,** c/ San Lorenzo 29, Tel. 667057356, geöffnet: Mo.–Fr. 10–14 und 17–20 Uhr. Galerie des Fotografen Ignacio del Río im Stadtteil Soho, der sich langsam zu einem Kunstviertel mausert. Neben Fotografien wird auch Gegenwartskunst gezeigt.

G17 [C3] **Galería Benedito,** c/ Niño de Guevara 2, Tel. 952223877, www.galeriabenedito.com, geöffnet: Mo.–Fr. 11–13.30 und 18–21 Uhr, Sa. 11.30–13.30 Uhr. Die Galería Benedito wurde 1985 gegründet und stellt in regelmäßigem Wechsel moderne Künstler aus den Bereichen Gemälde, Skulpturen und Grafik vor.

G18 [F3] **Galería Isabel Hurley,** Paseo de Reding 39, Tel. 952223895, www.isabelhurley.com, geöffnet: Di.–Sa. 11–14, Di.–Fr. auch 17.30–20.30 Uhr. Die Galerie zeigt Gegenwartskunst aus den Bereichen Fotografie, Skulpturen, Malerei und neuere Techniken wie Videoinstallationen.

G19 [B6] **Gallery JM,** c/ Duquesa de Parcent 12, Tel. 952216592, www.galeriajm.com, geöffnet: Mo.–Fr. 11–14 und 17.30–20.30 Uhr. Eine auf Skulpturen und visuelle Kunst spezialisierte Galerie, gegründet 2001 von Javier Marín, die auch Gemälde und Fotos ausstellt.

G20 [B3] **Mahatma Showroom,** c/ Andrés Pérez 12, Tel. 951246507, geöffnet: Di.–Fr. 12–14.30 und 17.30–20.30, Sa. 11–14.30 und 17.30–20.30 Uhr. Eine Art Cross-Over-Galerie, in der Künstler verschiedenster Richtungen ausstellen, das Motto des Hauses heißt denn auch übersetzt: „Ein Raum für Künstler mit großer Seele".

G21 [C4] **Sala Alfajar,** c/ Císter 1, Tel. 952211272, geöffnet: Mo.–Sa. 10–20.30, So. 10–15 Uhr. Familienunternehmen, das 1994 in Málaga gegründet wurde und sehr schöne, kunstvolle Keramiken herstellt, keine Gebrauchskeramik. Passend dazu befindet sich der Show-Room im Palacio de Zea-Salvatierra, einem barrocken Gebäude aus dem späten 17. Jh. gegenüber der Kathedrale.

Kunst unter freiem Himmel

Neben einigen modernen Skulpturen, die einer Erklärung bedürfen, stehen auch einige ganz traditionelle Monumente im Zentrum, die bekannten Persönlichkeiten der Stadt gewidmet sind, wobei auch einige sehr volkstümliche Figuren wie der Fischverkäufer („Cenachero") oder der Jasminverkäufer („Biznaguero") darunter sind.

- **Panta Rhei** („Alles fließt"): Dies ist ein filigranes, stelzenähnliches Kunstwerk, das auf dem zentralen Platz Plaza del Siglo [C3] bei der calle Granada steht. Das 2008 eingeweihte Werk von Blanca Muñoz misst sieben Meter und steht an einer Kreuzung, auf der sieben Gassen zusammenlaufen und symbolisiert einen Flusslauf, der sich ins Meer ergießt. Das aus Eisengeflecht bestehende Werk steht auf sieben Beinen und spielt durch seine verschlungene Konstruktion mit Licht und Schatten.
- **Points of View:** Das von dem britischen Künstler Tony Cragg geschaffene Werk steht seit 2005 an der Kreuzung calle Larios und der calle Strachan [C4]. Die Skulptur windet sich spiralförmig und leicht versetzt nach oben.
- **Paloma Quiromántica:** Bronzeskulptur in der calle Bolsa [C4], erschaffen 2001von José Seguiri. Die Skulptur besteht jeweils hälftig aus einer geöffneten Hand und einer Taube und erinnert an eine Zeichnung von Rafael Pérez Estrada aus Málaga. Sie steht nahe seinem Geburtshaus, symbolisiert die Offenheit und Gastfreundschaft der Stadt und wurde an seinem ersten Todestag eingeweiht. Der Künstler vermachte der Stadt Málaga einen Großteil seiner Werke und auch eine große Bibliothek, die aus 8000 Bänden besteht.
- Eine entspannt sitzende Skulptur des **dänischen Dichters Hans Christian Andersen,** erschaffen von José María Córdoba, steht an der Plaza de la Marina. Andersen besuchte in Spanien im Jahr 1862 auch Málaga und schrieb über seine Erfahrungen das Buch „In Spanien", das nur noch antiquarisch erhältlich ist.

052ma-mux

Das Kunstwerk „Points of View" steht in der Fußgängerzone im Zentrum

› **Marqués de Larios** ①: Auf der Plaza de la Marina ㉓ erhebt sich ein Denkmal zu Ehren des Marqués de Larios, der maßgeblich für die Gestaltung der Haupteinkaufsstraße verantwortlich war, die heute seinen Namen trägt, calle Marqués de Larios.

› **Cenachero:** Unmittelbar hinter dem Gebäude der Touristeninformation (s. S. 116) steht an der Plaza de la Marina ㉓ die Skulptur eines Cenachero, einer in Málaga sehr beliebten Figur eines Fischverkäufers (s. S. 48).

› **Biznaguero:** Neben dem Rathaus liegt der Park Jardines de Pedro Luis Alonso, wo auch die Skulptur der zweiten Symbolfigur von Málaga steht, die eines Biznaguero, eines Verkäufers von Jasminsträußen (s. S. 51).

› Ein ganzer Stadtteil, **Soho** genannt, soll sich zum Kunst- und Künstlerviertel mausern. Ein wenig ist auch schon passiert, erste Galerien eröffneten und an einigen wenigen Hauswänden findet man großformatige Kunstwerke, aber insgesamt ist alles noch ein wenig spärlich.

Málaga für Genießer

Essen und Trinken

Die andalusische Küche

Andalusiens Küche gilt nicht gerade als vielseitig. Rezepte und Zutaten waren schon immer eher einfach gehalten, die trockene Erde gab noch nie viel her. Und so sind auch bis heute eher die **einfachen bis klassischen Gerichte** in den Restaurants an der Tagesordnung. Generell wird mit sehr viel Öl gekocht und gebraten.

Die Nähe zur Küste hat schon immer für gute **Fischgerichte** gesorgt, für Fleischgerichte ist Andalusien eher weniger bekannt. Ausnahmen davon sind der exzellente luftgetrocknete Schinken, den man in hauchzarten Scheiben serviert bekommt. Natürlich besuchen Malagueños auch **Restaurants**, aber sehr oft ziehen sie durch die Bars und verzehren Tapas. In der Altstadt gibt es sehr viele Tapa-Bars, durch dieses Angebot kann sich kaum jemand einmal durchfuttern. **Süßigkeiten** als Dessert haben eine lange Tradition, die noch von den Arabern stammt und heute von einigen Spezialgeschäften fortgeführt wird. In vielen einfachen Restaurants bekommt man zwar eher nur Fertigware, also einen Pudding aus der Plastikdose, aber gerade die etwas besseren Restaurants bieten ganz ausgezeichnete und vor allem hausgemachte Desserts an, hier lohnt es sich, einmal etwas mehr Geld auszugeben.

Die Skulptur des Fischverkäufers (Cenachero) ist in Málaga sehr beliebt

Spanische Klassiker

- **Tortilla** ist ein Klassiker, der in kaum einer spanischen Bar fehlen darf, und ideal, um den kleinen Hunger zwischendurch zu bekämpfen. Eine *tortilla* gibt es in vielen Varianten, sehr beliebt ist die Variante mit Kartoffeln *(tortilla de patatas)* oder mit Zwiebeln *(de cebolla)*. Wer ein kleines Stückchen *tortilla* wünscht, bestellt umgangssprachlich *un pincho de tortilla* („einen Stachel von Tortilla"). Man bekommt dann ein mittelgroßes Dreieck herausgeschnitten und wird meist gefragt, ob man das Stückchen erwärmt wünscht *(caliente?)*.
- **Paella:** So richtig typisch ist eine *paella* in Andalusien nicht. Sie stammt eigentlich aus der Küstenregion bei Valencia, ca. 500 km von Málaga entfernt. Klassische Restaurants haben sie deshalb eher gar nicht im Angebot, sie ist mehr in touristisch ausgerichteten Lokalen auf der Speisekarte vertreten. In der Regel kann eine *paella* erst ab zwei Personen aufwärts bestellt werden und die Zubereitung dauert gute 30 bis 40 Minuten.
- **Bocadillos:** Diese Klassiker gegen den kleinen Hunger sind ein wenig auf dem Rückzug, aber noch in vielen Bars zu bekommen. Im Grunde handelt es sich immer um ein aufgeschnittenes und etwa gedritteltes Meterbrot, das mit Käse, Schinken, Tortilla, Kurzgebratenem u. Ä. belegt wird. Die etwas kleineren *bocadillos* werden in Málaga auch *pitufos* (Schlumpf, Knirps) genannt.
- **Tapas:** Ursprünglich war eine *tapa* nichts weiter als eine kleine Beigabe zum Bier oder zum Wein, die der Wirt kostenlos neben das Glas stellte. Viel mehr als eine Olive, ein Stückchen Paprika, Käse, Schinken oder eventuell eine Sardelle war selten, heute sind es oft auch salzige Erdnüsse. Daraus entwickelte sich später eine Art Tapa-Kultur, bei der „wertvollere" Tapas angeboten wurden, allerdings nicht mehr kostenlos. Diese sind äußerst schmackhafte kleine Leckereien, die aber in der Summe durchaus ins Geld gehen können.
- **Pintxos** ist der baskische Begriff für Tapas. Diese werden verkauft, da es sich um fantasievoll zusammengestellte Leckereien handelt aus Fisch, Fleisch, Gemüse, oft mit einem Klecks Mouse gekrönt, und das Ganze wird per kleinem Spieß oder Zahnstocher auf einem Stück Brot oder einer Brötchenhälfte zusammengehalten. Manchmal sind sie so groß, dass man sie kaum in den Mund schieben kann. Eine spanienweit operierende Lokalkette, die Pintxos anbietet, heißt „Lizarran".

Gegrillte Sardinen gibt es in Málaga überall

- **Montaditos („Montierte“)** ist im Grunde nur ein anderer Name für Pintxos. Es gibt eine Restaurantkette namens „100 Montaditos“, die in fast allen spanischen Städten zu finden ist.
- **Raciones („Rationen“)** bezeichnet eine größere Portion eines Gerichts. Diese können als Tapas am Tresen angeboten werden oder gezielt nach Karte in der Küche bestellt werden. Wer nicht ganz so großen Hunger hat, kann auch eine *media ración* (halbe Portion) bestellen.

Spezialitäten aus Málaga

- **Espeto:** kleine Spieße, zumeist mit Sardinen, die am Strand gegrillt werden. Die Spieße stecken einfach im Sand über Holzkohle und die Fische sind mit Salz eingerieben. Ein erfahrener Grillmeister passt auf und wenn sie ihre Farbe verändert haben und fertig sind, werden sie verkauft und mit den Händen gegessen.
- **Málagawein** schmeckt generell süß. Die Trauben wachsen in den umliegenden Bergen, es werden Trauben der Sorte Moskatell und Pedro Ximénez verwendet.
- **Níspero (Mispel)** ist eine Frucht in der Größe und Form einer Pflaume von gelber Farbe mit süßem Geschmack, der einen Hauch säuerlich ist. Die Kerne werden nicht mitgegessen.
- **Málagaeis** ist eine auch in Nordeuropa bekannte Sorte, die mit in süßem Málagawein eingelegten Rosinen dekoriert wird.

Essenszeiten

Mittags läuft vor 14 Uhr gar nichts, generell wird eher ab 14.30 oder gar 15 Uhr gespeist. Abendessen gibt es vor 20.30 Uhr so gut wie nicht, dafür wird noch gegen 23 Uhr ganz selbstverständlich gegessen. Nur in den von Touristen frequentierten Lokalen hat man sich an die etwas früheren Essenszeiten angepasst. Allerdings hat sich dann doch etwas geändert in Málaga, seitdem so sehr viele Tagesbesucher mit den Kreuzfahrtschiffen kommen.

Getränke

Ein schnelles **Bier** im Stehen an der Bar gehört zum täglichen Ritual. Es wird ruckzuck gezapft und genauso getrunken, lange hält sich niemand damit auf. Biere ohne Alkohol *(sin alcohol)* werden immer beliebter. Zumeist gibt es sie nur aus der Flasche. Wer ein kleines gezapftes Bier bestellt, sagt *una caña.* Etwas mehr im Glas hat man, wenn man *un tubo*

057ma-mux

bestellt, dann erhält man ein hohes Glas Bier. Gerade im Sommer bestellen viele auch *una clara,* ein Mischgetränk aus Bier und Zitronenbrause. Manchmal fragt der Kellner zurück: „con limón?" (mit Zitrone), was dann bejaht werden sollte, sonst wird mit *gaseosa* gemischt, einem kohlensäurehaltigen Getränk mit schwachem Zitronengeschmack.

In Málaga wird seit 1928 ein eigenes Bier gebraut, das gelegentlich noch in den Bars zu haben ist, die **Cerveza Victoria.**

Ein Glas **Wein** gehört zum Mittagsmahl. In einer kleinen Runde wird dann gleich eine ganze Flasche auf den Tisch gestellt. Dieser Hauswein *(vino de la casa)* muss beileibe kein schlechter sein. Weißwein heißt *vino blanco,* der rote *vino tinto,* Rosé heißt auf Spanisch *vino rosado.* Gerade im Sommer ist auch ein *Tinto de verano* (Sommerrotwein) sehr beliebt, ein gespritzter Rotwein mit *gaseosa* und meist noch Eiswürfeln. Erfrischt auch wunderbar!

Beliebt nach dem Essen ist ein Brandy zum abschließenden Kaffee, das war es dann zumeist. Nachts in den Bars trinkt man auch gerne eine *cubata,* was eine Verballhornung von *cuba libre* ist und eigentlich Rum-Cola, Whisky-Cola, Gin Tonic oder sonstige Mischgetränke bezeichnet. Sehr beliebt ist auch der Wermut am Sonntagmittag, *el vermú.* Die besseren Sorten kommen aus dem Fass und werden vor dem Essen getrunken, sie schmecken recht süß.

Hier sollte es keine Sprachprobleme geben

Grillstation am Strand

056ma-mux

Leitungswasser schmeckt wie überall in Spanien nach Chlor, besser ist man mit Wasserflaschen aus dem Geschäft bedient.

Kulinarischer Tagesablauf

Frühstück

Spanier halten sich nicht lange mit dem Frühstück auf. Zu Hause wird selten gefrühstückt, dafür gibt es schließlich die Bar oder Cafetería. Dort trifft man sich kurz vor der Arbeit, trinkt einen *café con leche* (bzw. eine der vielen Milchkaffee-Kreationen, die es nur in Málaga gibt, s. S. 22) und verspeist ein Croissant, ein Stückchen *tortilla,* einen *bocadillo,* jedenfalls nichts Großes. Damit wird der Bauch aber nicht gefüllt und meldet sich gegen 11, 12 Uhr wieder. Dann geht es wieder in die Bar. Diesmal wird ein *bocadillo* bestellt, vielleicht auch *una ración* (eine Ration) von einem wärmeren Gericht, was eben so da ist.

058ma-mux

Mittagessen

Das Mittagessen beginnt spät, nie vor 14 Uhr. In so gut wie allen Lokalen wird ein *menú del día* (Tagesmenü) serviert, das immer aus Vorspeise, Hauptspeise und Dessert besteht. Ein Glas Wasser oder Wein sind immer inklusive. Gegen 16 Uhr wird die Mittagspause beendet, ein *café cortado* (Kaffee mit wenig Milch) oder *café sólo* (ein kleiner, schwarzer Kaffee) nebst Brandy beendet das Mahl. Dann geht's zurück an die Arbeit. In Málaga hat es speziell zum Mittagessen schon eine spürbare Veränderung gegeben, vor allem in den Lokalen der Altstadt. Die Touristen, speziell die Kreuzfahrer, die nur wenige Stunden in der Stadt bleiben, haben wenig Zeit. Vor allem haben sie keine Zeit für ein ausführliches, zweistündiges Mittagessen. Und sie wollen früher essen. Genau deswegen bieten genügend Restaurants mittlerweile verstärkt Tellergerichte und keine Menüs an. Derartige Lokale liegen in den Hauptgassen, in denen sich Touristen bewegen.

Abendessen

Das Abendessen wird spät serviert, kaum vor 21 Uhr. Wer in einer auch nur etwas größeren Gesellschaft essen geht, darf sich auf eine lange Sitzung einstellen. Gestartet wird gegen 22 Uhr, bis alle ihre Bestellungen aufgegeben, alle Menügänge gereicht sind und auch das Dessert nebst Kaffee und Absacker überstanden wurden, schlägt es schnell mal Mitternacht. Abends gibt es in der Regel kein Tagesmenü, man bestellt aus der Karte die einzelnen Gänge.

Lokaltypen

Bars

Eine Bar ist nicht das, was der Name im deutschen Sprachgebrauch signalisiert, sondern ein relativ schlichtes Lokal. Dominierend ist ein Tresen, meist aus hellem Metall,

Ein Gläschen in lauer Luft am frühen Abend …

mit ein paar Hockern davor. Manchmal gibt es noch ein paar Tische. In einer Bar stellt man sich an den Tresen, trinkt ein kleines Gläschen Wein oder Bier, eventuell auch einen Kaffee, hält sich aber im Allgemeinen nicht allzu lange auf. Meist gibt es ein paar Kleinigkeiten zu essen, die auf dem Tresen unter Glas stehen. Wer davon etwas wünscht, bestellt *una ración,* dann bekommt man einen mittelgroßen Teller, oder *una tapa,* das wäre dann ein kleiner Teller. Mit etwas Glück gibt es auch *bocadillos.*

Tapa-Bars

Im Zentrum gibt es viele Tapa-Bars. Als Faustregel kann gesagt werden, dass ältere Bars mit einem rustikalen Charme unter Malagueños beliebter sind, während die etwas schicker herausgeputzten Lokale keinesfalls schlechter sein müssen, aber eher Touristen ansprechen. Allgemeines Kennzeichen einer Tapa-Bar ist, dass am Tresen hinter Glas eine Vielzahl von kunstvoll gestalteten Tapas angeboten werden. Man kann sich natürlich mit Tapas auch satt essen, aber das ist nicht der eigentliche Sinn der Sache. Eine Tapa begleitet eigentlich nur ein Getränk, überbrückt die Zeit bis zum Essen und ist bestenfalls ein Appetitanreger. Heute hat sich das Bild allerdings verändert, denn die Touristen lieben Tapas und essen sie als Ersatz für eine komplette Mahlzeit. Warum auch nicht, lecker sind sie allemal und man bekommt immer eine unglaubliche Vielfalt serviert. In einigen Bars herrscht Selbstbedienung (aber nicht in allen), und dort bekommt der Gast einen Teller, stellt sich seine Auswahl an Tapas zusammen und – ganz wichtig! – lässt die kleinen Zahnstocher, die in jeder Tapa stecken, auf dem Teller liegen. Nach deren Anzahl wird hinterher abgerechnet. Das gilt aber bei Weitem nicht für alle Tapa-Bars.

Cafeterías

Eine Cafetería unterscheidet sich nur wenig von einer Bar. Die Einrichtung ist sehr ähnlich. Wichtigstes Unterscheidungsmerkmal dürften die Öffnungszeiten sein. Eine Cafetería hat schon relativ früh morgens für die Frühstücksgäste geöffnet und schließt abends entsprechend früher. Die Bar öffnet später, je nach Lage und Kundschaft, und sperrt eben abends auch später zu.

Restaurants

Ein Restaurant hat mit wenigen Ausnahmen auch über **Mittag** geöffnet und ein zweites Mal am Abend. Alternativ zum Menü gibt es auch oft *platos combinados,* gewissermaßen Menüteller. Bei ihnen handelt es sich um sehr beliebte Mahlzeiten. Ab 14 Uhr sind diese Lokale immer brechend voll. **Abends** stellt man sich sein Menü selbst zusammen. Selten bestellt der Spanier nur einen großen Teller bzw. nur eine große Speise, sondern wählt in der Regel zunächst eine Suppe oder einen Salat. Danach folgt der Hauptgang, der manchmal noch klassisch in Fisch- und Fleischgang unterteilt ist. Ein Dessert darf nicht fehlen, ebensowenig wie ein abschließender Kaffee.

Restaurant-Knigge

Trinkgeld

In Spanien wird generell bei jedem Besuch einer Lokalität Trinkgeld gegeben, aber niemals viel. Wer nur ein Bierchen am Tresen zischt, muss nicht die berühmten 10% liegen lassen, einige kleine Münzen als Anerkennung sind in Ordnung. Das Trinkgeld wird in allen Lokalen in einem Gemeinschaftsgefäß gesammelt und abends unter den Kellnern aufgeteilt.

Preise

In allen Lokalen muss eine **offizielle Preisliste** aushängen, aber oftmals findet man diese nur nach anstrengender Suche. Natürlich gibt es in Restaurants eine Speisekarte mit Preisen und oftmals findet man auch in Bars oder Cafeterías eine Art verkürzte Fassung mit den gängigen Gerichten und Getränken. Aber üblich ist es nicht, dass man sich vor einer Bestellung nach dem Preis erkundigt.

Oft gibt es **drei Preise.** Am Tresen stehend oder auf dem Hocker sitzend sein kleines Gericht verzehren oder ein Bierchen/Wein/*café con leche* trinken, kommt immer am preiswertesten. Wer sich an einen Tisch setzt, muss mehr zahlen und noch viel mehr muss berappen, wer sich auf die Terrasse setzt.

Besetzte Tische

An einen schon belegten Tisch setzt man sich niemals dazu, selbst wenn nur eine Person an einem relativ großen Tisch sitzt. Normalerweise wird der Kellner schon im Vorfeld seine Gäste so platzieren, dass kein großer Tisch von nur einer Person belegt wird. Falls nun aber doch einmal kein Tisch frei ist, muss man warten.

Verhalten in einer Bar

Sie betreten ein Lokal, gehen gemessenen Schrittes zum Tresen. Der **Kellner** nimmt Sie garantiert wahr, ruft Ihnen ein fröhliches, brummiges, gleichgültiges *„Buenas!"* zu. Irgendwo am Tresen, und sei es in der zweiten Reihe, wird schon noch ein Plätzchen frei sein. Sie unterhalten sich derweil mit Ihrer Begleitung und bleiben ganz entspannt. Der Kellner kommt schon, wischt mit einem Lappen das Fleckchen vom Tresen, wo Sie stehen, rückt den Serviettenhalter zurecht und fragt nach Ihren Wünschen. Getränke stellt er blitzschnell parat, eine eventuelle Essensbestellung wird einfach Richtung Küche gebrüllt. Das genügt und klappt auch. Servietten, Olivenkerne und Zahnstocher landeten früher einfach auf dem Fußboden. Mittlerweile hängt etwa in Kniehöhe am Tresen oft ein **Papierkorb**, dann landen die Abfälle natürlich dort.

Am Ende wird **bezahlt** und das macht nur einer! Entweder legt jeder einen Betrag dazu, der in etwa „seinem“ Konsum entspricht, oder jeder übernimmt abwechselnd mal die Gesamtrechnung.

Verhalten im Restaurant

Im Restaurant gelten ein paar generelle Spielregeln, ganz egal, ob man im Dorfgasthof speist oder im Sternelokal. Bleiben Sie zunächst einfach im Eingangsbereich stehen. Sogleich wird der Oberkellner kommen, Sie begrüßen und nach der Personenzahl fragen. Dann wird er Ihnen Vorschläge unterbreiten, wo Sie sitzen könnten. Der Oberkellner wird Sie dann zum Tisch begleiten, die Menükarten auslegen, der Dame den Stuhl zurechtrücken und sich zunächst entfernen. Nun wählen Sie aus. Irgendwann kommt der Oberkellner zurück und nimmt die **Bestellung** auf: Vorspeise, erster Gang, zweiter Gang, Weinauswahl; das Dessert wird noch nicht bestellt. Danach tritt der Oberkellner in den Hintergrund, bedient werden Sie nun von anderen Kellnern (gilt natürlich nicht in kleinen, einfachen Lokalen). Sind Sie schließlich mit den Hauptgängen durch, folgt die Frage nach dem Dessert, dafür gibt es manchmal auch eine eigene Karte.

Dann folgt immer die **copa**, also ein Glas Brandy oder sonstiger Schnaps.

Die **Rechnung** bezahlt auch hier nur einer. Der Kellner wird auf einem kleinen Tellerchen die Rechnung bringen. Einer zahlt oder es wird gesammelt. Dann kommt der Kellner erneut, schnappt sich mit einem *Gracias* den Teller. Nach einigen Momenten wird der Teller mit dem Wechselgeld und der Rechnung unter einem erneuten *Gracias* zurückgebracht. Eher beiläufig steckt der Bezahler das Restgeld ein und lässt einen angemessenen Betrag als Trinkgeld liegen. Der Teller mit dem Trinkgeld bleibt bis zum Schluss auf dem Tisch und wird erst abgeräumt, wenn sich die Gruppe verabschiedet hat.

◁ Auf ein Glas Wein in der ältesten Bar Málagas (Bar Antigua Casa Guardia, s. S. 83)

Smoker's Guide

Das Rauchen ist ohne Ausnahme in allen spanischen Gastronomiebetrieben verboten, ebenso in öffentlichen Gebäuden und Verkehrsmitteln. Einige wenige Hotels bieten noch Raucherzimmer an und selbst das Rauchen auf öffentlichen Plätzen ist teilweise eingeschränkt, beispielsweise ist es in der Nähe von Kindergärten und Schulen verboten.

Hervorhebenswerte Lokale

Restaurants

22 [B5] **Doramar Puerto** €€€, c/ Casas de Campos 1, Tel. 951287119, geöffnet: Di.–Sa. 12–2, So. 12–17 Uhr. Fischrestaurant, das eher etwas schlicht aufgemacht ist, aber eine gute und breite Auswahl an Fisch und Meeresfrüchten bietet. Wer möchte, kann „seinen“ Fisch am gläsernen Kühltisch auswählen, ansonsten beraten die Kellner kompetent. Für Fleischfans gibt es auch einige Angebote.

23 [B4] **El Chinitas** €€, c/ Moreno Monroy 4, Tel. 952210972, geöffnet: tägl. 13–16 und 20–24 Uhr. Liegt in einer schmalen Gasse unweit der Kathedrale und ist ein typisch andalusisches Restaurant mit entsprechender Einrichtung, mit schicken Kachelwänden und Gemälden mit kostumbristischen Motiven wie Flamenco und Stierkampf. Man könnte

Preiskategorien Restaurants
Die Preiskategorien gelten für ein Hauptgericht ohne Getränke.

€	unter 15 €
€€	15–25 €
€€€	über 25 €

dies als ein wenig übertriebene Folklore abtun, um Touristen anzulocken, aber das Lokal wird auch von Einheimischen besucht. Es gibt andalusische Gerichte mit Schwerpunkt auf Fisch- und Reisgerichten, aber auch Tapas.

24 [C3] **El Farolito** €€, c/ Beatas 14, Tel. 657973213, geöffnet: Mo.–Sa. 20–24 Uhr. Kleines Lokal mit ebenso kleiner Speisekarte, es gibt vor allem argentinisches Grillfleisch, aber auch Teigtaschen, Grillgemüse und sogar Tapas. Nettes, familiäres Ambiente, im Sommer mit einer Terrasse.

25 [D3] **El Pimpi** €€, c/ Granada 62, Tel. 952225403, geöffnet: tägl. 10–2 Uhr. Vielleicht das bekannteste Lokal von Málaga, wer aber in der calle Granada vor dem (vermeintlich) kleinen, schmalen Lokal steht, glaubt es wohl eher nicht. Dies ist aber nur ein Raum von mehreren, die es in diesem verwinkelten Gebäude gibt. Außerdem befindet sich im zentralen Bereich ein längerer Tresen, an dessen Seitenwänden ein wahrer Wald von Bildern mit Berühmtheiten hängt, die alle schon El Pimpi besucht haben. Die Räume sind mit Pflanzen und Blumen und allerlei andalusischem Dekor geschmückt, teilweise mit aufgestapelten Fässern, so richtig ruhig-gemütlich ist es meist nicht, sondern eher ziemlich lebhaft. Ganz hinten öffnet sich eine große Terrasse (Zugang auch von der calle Alcazabilla), auf der aber alle Gerichte 15 % teurer sind. Neben Tapas gibt es Tellergerichte, teilweise auch als halbe oder ganze Portion.

26 [D2] **La Plaza Restaurant** €€, Plaza de la Merced 18, Tel. 952369878, geöffnet: tägl. 8.30–0.30 Uhr. Eines von mehreren Terrassenlokalen an der Plaza, wo einst Picasso geboren wurde **16**. Hier gibt es neben Frühstück ein umfassendes Angebot an Speisen der Mittelmeerküche mit orientalischem und asiatischem Einfluss, auch einige vegetarische Gerichte und Tapas. Den ganzen Tag über wird ein Menü serviert, mittags das Menú del día (13–17 Uhr), es gibt sogar ein Menú de Tapas.

27 [B3] **Marisquería Canela Fina** €€, c/ Compañía 13, Tel. 952216932, geöffnet: tägl. 12–24 Uhr. Das Lokal ist in einem Eckgebäude in der Altstadt unweit vom Thyssen-Museum untergebracht und hat eine kleine Terrasse. Serviert werden viele Fischgerichte, vor allem frittierte Fische, aber auch Fischplatten. Am hübsch gekachelten Tresen gibt es auch Tapas. Urig-charmantes Ambiente, teilweise dienen Fässer als Tische.

28 [C4] **Mesón La Cepa** €€, c/ Strachan 12, Tel. 952214089, geöffnet: ab 12 Uhr. Seit vielen Jahren beliebtes Traditi-

060ma-mux

onslokal im Herzen der Altstadt. Unterteilt in Terrasse und Speiseraum, der andalusisch mit Bildern, Holz und etwas kleinen Tischen dekoriert ist, was aber durchaus gemütlich wirkt. Am Tresen gibt es Tapas, u. a. *bacalao* (Stockfisch), der hier in bis zu einem Dutzend Formen angerichtet wird. Ansonsten traditionelle andalusische Küche.

29 [C3] **Mesón Taberna Cantarrana** €€-€€€, c/ Sánchez Pastor 10, Tel. 697596305, geöffnet: tägl. 12–1 Uhr. Ein nicht zu großes Restaurant mit etwas formellerem Ambiente. Links ein großer Tresen, rechts ein Glasschrank mit Weinflaschen, dazwischen die Tische. Serviert wird kein Menü, sondern kombinierbare Tellergerichte mit traditionellen andalusischen Speisen mit einigen hausgemachten Eigenkreationen, beispielsweise *tartar de aguacate* (Avocado-Tartar). Hier lohnt es sich, mal etwas auszuprobieren.

30 [C3] **Taberna El Mentidero** €€, c/ Sánchez Pastor12, Tel. 697596305, geöffnet: tägl. 10–24 Uhr. Liegt mitten im Zentrum und bietet vor allem Fischgerichte, u. a. *espeto de sardinas,* also Sardinenspieße, was sonst eher am Strand von kleinen Grillbuden angeboten wird. Eigenwillige Dekoration mit einem Fischerboot im Schaufenster, viel Holzdekor, betont auf Andalusisch gemacht mit vielen Bildern, Fässern und einem Holzstier an den Wänden. Relativ kleine Tische, aber doch insgesamt urig-nett.

Tapa-Bars

31 [B5] **Bar Antigua Casa Guardia** €, Alameda Principal 18, geöffnet: Mo.–Sa. 10–22, So. 11–15 Uhr. Urige Weinkneipe, die 1840 gegründet wurde. Seitdem scheint die Zeit stehen geblieben zu sein. Keine Musik dröhnt, kein Fernseher läuft. Der Gast platziert sich am Holztresen, würdevolle, ältere Kellner lassen *vino* aus riesigen Holzfässern in ein Glas tröpfeln, das knapp über Schnapsglasvolumen liegt, und schreiben schwungvoll den Preis mit Kreide auf den Tresen, gerade dort, wo der Gast steht. Es gibt vor allem den süßen Málagawein, aber auch andere Varianten, alles vom Fass. Teller mit Meeresfrüchten werden auch angeboten.

32 [B4] **Bar Lo Güeno** €, c/ Marín García 9, Tel. 952223048, geöffnet: 12–24 Uhr. Das Lokal existiert seit 1967 und liegt sehr zentral in einer Seitengasse. Die Bar ist etwas eng, aber meist gut besucht. Hier gibt es Tapas, u. a. eine Tortilla XXL. Wer à la carte essen möchte, kann diesen einem der verschiedenen Speiseräume tun. Diese sind teils minimalistisch eingerichtet, teils mit viel Holzdekor und Bildern. Serviert wird klassische andalusische Küche.

33 [B3] **Bar Málaga 1852** €, c/ Santa María 4, Tel. 952219498, geöffnet: Mo.–Sa. 12–24 Uhr. Eines der ältesten Lokale der Stadt (seit 1852), unten als Bar, oben als Restaurant eingerichtet. Auch der Speiseraum hat einen angenehmen, gestrigen Charme. Serviert wird andalusische Küche, unten am Tresen gibt es auch Tapas.

› **Café-Bar Mercado Atarazanas** €, in der Markthalle Mercado Atarazanas 20, geöffnet: Mo.–Sa. 8–15 Uhr. Das kleine Lokal befindet sich direkt in der Markthalle, hat aber auch ein paar Tische draußen. Zutaten werden gleich selbst in der Halle gekauft, frischer geht's nun kaum noch. Die Bar ist auch unter den Marktbesuchern sehr beliebt, es gibt kleine Gerichte und Tapas, alles ist ein bisschen eng und laut, die Qualität ausgezeichnet, sodass alle ein bisschen Wartezeit in Kauf nehmen.

Beliebt und immer rappelvoll: El Pimpi

34 [C3] **El Pyjayo** €, c/ Granada 36, Tel. 952229057, geöffnet: tägl. 12–24 Uhr. Ein Klassiker mitten in der Altstadt. Der Name des Lokals erinnert an einen sehr volkstümlichen Flamencosänger und Gitarristen aus dem 19. Jh. Auch die weitere Dekoration und Einrichtung des Lokals stellt dank seiner Kachelbilder und Gemälde eine Reminiszenz an die Stadtgeschichte dar. Serviert werden generell klassische Tapas, vor allem frittierter Fisch und Meeresfrüchte, auch als kleine Tellergerichte. Insgesamt herrscht auch hier eine nette Atmosphäre.

35 [C2] **El Tapeo de Cervantes** €€, c/ Cárcer 8. Tel. 952609458, Di.–Sa. 13–15.30 und 19.30–23, So. 19.30–23.30 Uhr. Das sehr kleine Lokal wird von einem Argentinier betrieben und ist in Málaga äußerst beliebt. Entweder früh kommen oder einen der wenigen und ziemlich kleinen Tische reservieren. Geboten werden zwar auch traditionelle Tapas, aber vor allem fantasievolle Eigenkreationen und hausgemachte Desserts. Für viele eine der besten Tapa-Bars der Stadt.

37 [C3] **Los Gatos** €, Plaza Uncibay 9, Tel. 952222340, geöffnet: tägl. 11–1 Uhr. Der Wirt betrieb jahrelang eine Bar gleichen Namens in Madrid und kehrte dann auf seine alten Tage zurück nach Málaga. So ganz aber konnte er sich dann wohl doch nicht lösen, denn mit dem Namen der Bar (übersetzt: „die Katzen") werden in Spanien Menschen aus Madrid bezeichnet (Menschen aus Málaga bezeichnet man übrigens in Spanien als *boquerón*, Sardelle, was aber etwas abwertend gemeint ist). Miguel, der Wirt, ist Stierkampffan, mitten im nicht zu großen Lokal steht ein ausgestopfter Stier! Die Bar ist nicht groß, oft voll, insgesamt etwas wuselig, manchmal auch laut, aber es gibt gute Tapas und Fleisch- und Meeresfrüchteplatten.

38 [C4] **Orellana** €-€€, c/ Moreno Monroy 5, Tel. 625209102, geöffnet: Di.–So. 13–17 und 20.30–24 Uhr. Eine der ältesten Tapa-Bars in dieser zentralen Zone, sehr beliebt bei den Einheimischen, daher zu bestimmten Zeiten ziemlich voll und etwas drängelig, was aber einfach dazu gehört (man kann natürlich auch früher kommen). Es gibt traditionelle Tapas, auch frittierte Fischlein, warme Tapas in kleinen Schüsseln oder auch kleine Fleischspieße.

39 [C4] **Taberna del Obispo** €, Plaza del Obispo, Tel. 952219367, geöffnet: tägl. 10–24 Uhr. Unvergleichliche Lage bei der Kathedrale 6 und dem Bischofspalast 8. Hat eine größere Terrasse in einer Fußgängerzone, von der man ganz entspannt die verspielte Fassade der Kathedrale betrachten kann. Es gibt Tapas und größere Gerichte, darunter auch Paella und frittierten Fisch, was in Málaga nicht fehlen darf.

40 [B4] **Taberna del Pintxo** €, c/ Alarcón Luján 12, Tel. 952213280, geöffnet: tägl. 8.30–24 Uhr. Das Lokal wirkt zwar etwas schlicht, aber davon sollte man sich nicht abschrecken lassen. Es gibt hervorragende Tapas, die hier mit dem baskischen Wort *pintxos* bezeichnet werden (siehe hierzu auch S. 75). Es handelt sich dabei um fantasievoll zusammengestellte Kombinationen, in denen jeweils ein kleines Spießchen steckt. Man bedient sich selbst am Tresen und sammelt diese Spießchen, abgerechnet wird nach der Anzahl, die Farben symbo-

Das Café Lepanto liegt strategisch sehr günstig in der Fußgängerzone calle Marqués de Larios 1

lisieren unterschiedliche Preisgruppen (stehen an der Wand angeschlagen). Obendrein bieten Kellner regelmäßig noch spezielle Tapas an, die immer frisch aus der Küche kommen. Insgesamt ziemlich günstig.

41 [D4] **Uvedoble** €€, c/ Císter 15, Tel. 951248478, geöffnet: Mo.–Sa. 12.30–16 und 20–24 Uhr. Eine Tapa-Bar, die aus dem Rahmen fällt. Schon die Einrichtung weicht vom Gewohnten ab, sie ist schick, hell und etwas puristisch. Es gibt eine kreative Küche, jenseits des üblichen Tapas-Angebots und die Speisen werden als Tapa und als Tellergerichte serviert, als *media* (halbe Portion) oder *entera* (ganze Portion).

Cafés

42 [B3] **Café Central** €€, Plaza de la Constitución 11, Tel. 952224972, geöffnet: tägl. 8–24 Uhr, WLAN. Beste Lage am oberen Ende der Haupteinkaufsstraße, hier befindet sich das Café mit seiner großen Terrasse am bekanntesten Platz der Stadt **3**. Hier wurden die stadtweit einzigartigen „10 Arten, einen Kaffee zu bestellen" erfunden (s. S. 22). Es gibt kleine und größere Gerichte, auch Kuchen und Frühstück.

43 [B4] **Café Lepanto** €€, c/ Marqués de Larios 7, Tel. 952226221, geöffnet: tägl. 9–22.30 Uhr. Traditionshaus mit mittlerweile einigen Filialen. An der Costa del Sol aber steht das Ur-Haus. Es gibt leckeren Kuchen und Gebäck und Pralinen, was in Spanien gar nicht so selbstverständlich ist. Drinnen steht außerdem ein netter Tresen, daneben gibt es einen Gastraum, draußen sitzt man unmittelbar an der Haupteinkaufsstraße.

44 [B4] **Casa Aranda** €, c/ Herrería del Rey 3, Tel. 952222812, geöffnet: Mo.–Sa. 7.30–13 und 17–21, So. ab 8 Uhr. Draußen steht auf einem Schild: „Café, Chocolate, Churros" und genau das wird hier seit 1932 serviert, in einem Café, wie es sie früher überall in Spanien gab.

061ma-mux

EXTRATIPPS

Lecker vegetarisch

46 [D3] **Cañadú** €€, Plaza de la Merced 21, Tel. 952602719, geöffnet: tägl. 13.30–16, So.–Do. 19.30–23, Fr./Sa. 20–24 Uhr. Liegt am „Picasso-Platz" in einer Reihe mit weiteren Terrassenlokalen. Bietet vegetarische und vegane Gerichte, frisch gepresste Fruchtsäfte und hausgemachte Desserts sowie ein Tagesmenü.

47 [B3] **El Calafate** €–€€, c/ Andrés Pérez 6, Tel. 952229344, geöffnet: Mo.–Sa. 13.30–16, 20.30–23 Uhr. Kleines Lokal mit überschaubarem Angebot, serviert wird auch ein dreigängiges Mittagsmenü, bei dem man aus verschiedenen Gerichten wählen kann.

48 [D3] **El Vegetariano de la Alcazabilla** €€, c/ Pozo del Rey 5, Tel. 952214858, geöffnet: Mo.–Sa. 13–16 und 20–22 Uhr. Das kleine, in hellen Farben gehaltene Lokal liegt in einer Seitenstraße nahe dem Teatro Romano 13 und bietet vegetarische Küche an. Heute gibt es auch einige vegane Speisen, außerdem Bio- und alkoholfreie Weine. Die Portionen werden allgemein als großzügig angesehen.

› **La Plaza Restaurant** (s. S. 82) bietet auch einige vegetarische Gerichte an.

Der erste Kaffee

› **Café Central** (s. S. 85)
› **Casa Aranda** (s. S. 85)
› **Doña Mariquita** (siehe unten)

Dinner for one

› **Café Central** (s. S. 85)

Für den späten Hunger

› **El Pimpi** (s. S. 82)
› **Los Gatos** (s. S. 84)

Lokale mit guter Aussicht

› **Café Central** (Blick auf die Plaza de la Constitución, s. S. 85)
› **El Pimpi** (Blick von der Terrasse auf die Alcazaba, s. S. 82)
› **La Plaza Restaurant** (Blick auf die Plaza de la Merced, s. S. 82)
› **Taberna del Obispo** (Blick auf die Kathedrale, s. S. 84)

Die *churros*, ein Fettgebäck in länglicher Form (es gibt sie auch gekringelt, aber hier eher nicht) werden mit heißer Schokolade eingenommen, für viele Spanier ein traditionelles Frühstück und durchaus auch später zum Zwischendurch-Snack geeignet, beispielsweise zum „cafelito de las 12" (etwas frei: „zum Käffchen um 12 Uhr"), also so zwei bis drei Stunden vor dem Mittagessen.

45 [C3] **Doña Mariquita** €, Plaza de Uncibay 3, Tel. 952211003, geöffnet: Mo.–Sa. 7.30–24 Uhr. Kleine Cafetería, fast so wie früher. Hier gibt es *churros* mit Schokolade zum Frühstück, serviert von älteren Kellnern, aber natürlich auch kleinere Gerichte und *bocadillos* sowie Kaffee.

Málaga am Abend

Nachtleben

Das Nachtleben beginnt generell **spät**. Am frühen Abend ziehen die Nachtschwärmer zunächst durch **Tapa-Bars** (s. S. 83) oder stimmen sich in einer der vielen Bars im Zentrum ein, beispielsweise im legendären El Pimpi (s. S. 82). Im Zentrum von Málaga konzentriert sich das Nachtleben auf die Straßenzüge **calle Granada** [B–D3], rund um die **Plaza Uncibay** [C3] und vor allem auf die der **calle Beatas** [C3]. Es gibt sogar einige Klubs und Diskothe-

062ma-mux

ken in der Innenstadt, die alle recht spät (nach Mitternacht) öffnen. Denn erst dann werden die Tanzschuppen aufgesucht. Außerdem zieht es die Nachtschwärmer speziell in der wärmeren Jahreszeit auch in die **Vororte,** beispielsweise nach **Pedregalejo** [fj], da sich dort Sprachschulen befinden, bzw. in das Gebiet Malagueta bei der Stierkampfarena 26. Eine noch etwas neuere Ausgehzone ist **Soho** beim Hafen. Nicht wenige fahren dann auch noch viel weiter nach **Torremolinos** oder **Benalmádena** in die nahen Touristenhochburgen der Costa del Sol.

49 [C3] **Andén** €€, Plaza Uncibay 8, geöffnet: Do.–Sa. 24–6 Uhr. Liegt im Zentrum, existiert seit 1988, hat alle Moden überdauert und ist immer noch sehr beliebt. Der Laden hat zwei große Säle und vier nicht gerade kleine Tresen.

50 [C3] **Liceo** €€, c/ Beatas 21, geöffnet: Do.–Sa. 23–7 Uhr. Große Diskothek auf zwei Stockwerken mit mehreren Sälen und Musikrichtungen, sehr beliebt, auch bei den etwas Älteren.

52 [B3] **Sala Gold** €€, c/ Luis de Velázquez 5, geöffnet: tägl. 23–7 Uhr. Hier werden Latino-Musik und Spanish Pop gespielt, es gibt aber auch eine Irish Sports Bar, in der alle möglichen Sportereignisse gezeigt werden. Täglich eine neue Themenparty.

54 [B2] **ZZ Pub** €€, c/ Tejón y Rodriguez 6, geöffnet: tägl. ab 22.30 Uhr, Erstaunlich genug: Dieser Klub liegt in einem Wohngebiet im unteren Bereich von einem Wohnblock. Täglich Livekonzerte, am Freitag schon ab 18 Uhr.

Einstimmen auf das Nachtleben

063ma-hj

Theater und Konzerte

55 [C2] **Microteatro Málaga,** c/ San Juan de Letrán 12, www.microteatromalaga.com. Mal was anderes, denn hier haben sich ein paar Freunde eine neue Form des Theaters ausgedacht, was auf folgende Formel gebracht wurde: „Theaterstücke von 15 Minuten für 15 Zuschauer auf 15 Quadratmetern dargeboten". Und zwar von Mittwoch bis Sonntag in vier Räumen mehrfach hintereinander weg gespielt. Die Schauspieler wollten so auch besser und stärker in Kontakt mit den Zuschauern kommen. Sicher interessant, aber nur für Menschen mit guten Spanischkenntnissen.

Gastro- und Nightlife-Areale

Bläulich hervorgehobene Bereiche in den Karten kennzeichnen Gebiete mit einem dichten Angebot an Restaurants, Bars, Klubs, Discos etc.

56 [B5] **Teatro del Soho,** c/ Córdoba 9, Tel. 952213412 (Tickets), https://teatrodelsoho.com, geöffnet: Kartenschalter: Di.–So. 17–21 Uhr. Liegt mitten im Viertel Soho. Gezeigt wir die ganze Bandbreite der eher leichten Muse, also Comedy, Musicals, auch Ballett und unterhaltsame Theaterstücke.

57 [C2] **Teatro Cervantes,** c/ Ramos Marín s/n, Tel. 952224109, Tel. 902360295 (Tickets), www.teatrocervantes.com, geöffnet: Mo.–Fr. 11–15 und 18–21.30, Sa. 16–20.30 Uhr (Öffnungszeiten des Ticketschalters). Ein richtig schönes Theatergebäude, sowohl von außen als auch von innen. Es wurde 1870 errichtet, nachdem ein Vorgängerbau einem Feuer zum Opfer gefallen war. Die Eröffnung fand am 17. Dezember 1870 mit einer Oper zum Thema Wilhelm Tell von Rossini vor damals kolportierten 2300 Zuschauern statt. Nach diesem rauschenden Erfolg folgten sehr viel später Jahre des Stillstands und erst 1984 erwarb die Stadt das Theater und renovierte es grundlegend. Heute finden hier 1171 Zuschauer in drei übereinander liegenden Balkonreihen, die in Halbkreisform angeordnet sind, und in einem zentralen Auditorium Platz. 1987 wurde das Haus im Beisein der spanischen Königin wiedereröffnet. Die Kuppel ist im Innern künstlerisch durch ein riesiges Gemälde gestaltet, es stammt noch aus dem Jahr 1870. Heute gibt es hier Musik-, Theater-, Tanz-, Orchester- und auch Kindertheaterdarbietungen.

58 [C3] **Teatro Echegaray,** c/ Echegaray 6, Tel. 952224100, www.teatroechegaray.com, Kartenschalter: Mo.–Fr. 15–21.30, Sa. 16–20.30 Uhr. Das schicke Haus steht in einer Seitenstraße der Hauptbummelmeile der Alt-

Das renommierte Teatro Echegaray

Flamenco, die Seele Andalusiens

Es ist nicht ganz einfach, etwas über eine Kunstform zu schreiben, über die so viele Klischees bestehen, die in fast allen Touristenorten an der Mittelmeerküste auch genau so bedient werden. Es gilt daher, zunächst einmal mit ein paar Irrtümern aufzuräumen.

Beispielsweise ist Flamenco kein urtypisch spanischer Tanz. Er ist noch nicht einmal ein reiner Tanz, jedenfalls nicht ausschließlich. Flamenco hat seine Heimat in Andalusien und wird dort noch heute mit Hingabe gepflegt. Ursprünglich einmal von den „gitanos" entwickelt, fand er später auch Fans außerhalb der Gitanos-Familien. Flamenco besteht grundsätzlich aus Gesang, Tanz und Rhythmusbegleitung. Letztere kann durch eine Gitarre erfolgen, aber auch nur durch Klatschen. Ursprünglich einmal wurde sogar nur mit einem Stock der Takt geklopft. Es gibt heute eine Vielzahl von verschiedenen Tänzen und unterschiedlichen Gesängen. Grundsätzlich erzählen die Sänger einem kleinen Kreis von Zuhörern etwas sehr Persönliches. Die thematische Grundhaltung ist oft pessimistisch, erzählt wird von verflossener Liebe, vom Pech im Spiel, von Sehnsüchten, von der eigenen, unverschuldeten Armut. Dieses „Erzählen" einer Seelenlage kommt aus tiefstem Herzen und wird sehr emotional vorgetragen. Drückt der Sänger dabei Gefühle aus, die auch seine Zuhörer teilen, feuern sie ihn an: „¡Eso es!" („So ist es!") oder ähnlich, was den Sänger und Tänzer dann zu

Gelernt ist gelernt und das wird auch öffentlich gerne gezeigt

065ma-mux

noch mehr Emotionalität anspornt. Springt der Funke einmal endgültig über, werden Tänzer und Publikum seelisch gewissermaßen „vereint“. Dann spricht man von „el duende“ („der Dämon“), der nun aus der Seele spricht. Das wird natürlich auf einer kommerziellen Showbühne eher nicht passieren. Der Tanz ist das wichtigste künstlerische Ausdrucksmittel. Normalerweise tanzen Männer und Frauen getrennt, nur die „Sevillanas“ sind als Paartanz ausgelegt. Frauen tragen oft weite, rüschenbesetzte Kleider, die für die Bewegungen wichtig sind. Ihre Schuhe haben starke Absätze, mit denen sie kraftvoll und rhythmisch auf den Boden knallen. Die Tänzer müssen sehr konzentriert agieren, alle Körperteile sind eingebunden. Oberkörper, Arme und Finger vollführen eine genau festgelegte und möglichst perfekte Gesamtbewegung. Diese Bewegungen wechseln ständig zwischen ruhigen und sehr schnellen Phasen. Besonders bei Männern können die schnellen Phasen etwas eckig, fast ein wenig zackig wirken. Kastagnetten werden sehr selten genutzt und wenn, dann nur von Frauen. Die Begleitung besteht aus Gitarre und/ oder aus Händeklatschen. Dies ist eine sehr schwierige Technik, denn Tanz, Klatschen und eventuell auch noch Gitarre und Gesang müssen perfekt aufeinander abgestimmt sein.

Auf den kommerziellen Bühnen werden zumeist eingespielte Choreografien vorgeführt, die auch ohne „duende“ meist sehr eindrucksvoll sind. Zum Schluss gibt es dann häufig ein rauschendes Finale mit fröhlichen „Sevillanas“.

stadt, der calle Granada. Man kann es also sehr gut und sehr rasch vor und/ oder nach dem Besuch eines der vielen Altstadtlokale erreichen. Früher gab es hier ein Kino, seit 2009 befindet sich hier nun ein Theater für 300 Zuschauer mit Schwerpunkt auf Unterhaltungsstücken, Kindertheater, aber auch Musik und Tanz.

Flamenco

Málaga gilt nicht gerade als Flamenco-Hochburg, aber es gibt schon ein paar Bühnen, hier eine Auswahl:

- 59 [A4] **Centro de Arte Flamenco Kelipé,** c/ Muro de Puerta Nueva 10, www.kelipe.net, geöffnet: Do.–Sa. 21 Uhr, Tickets: 25 €. Eine relativ kleine Bühne mit einem fast schon intimen Rahmen. Die Macher versuchen, ein authentisches Flamenco-Gefühl zu vermitteln.
- **Juan Breva,** c/ Ramón Franquelo 4, Di. 21, Fr. 22.30 Uhr, Eintritt frei. Diese Flamenco-Bühne befindet sich in dem Gebäude, in dem auch das kleine Flamenco-Museum Juan Breva (s. S. 70) untergebracht ist. Unten treten die Künstler auf, oben befindet sich das Museum.
- **Tablao de Flamenco Los Amaya,** c/ Beatas 21, Tel. 686936804, tägl. 19–21 Uhr, Tickets: 25 €. Eine alteingesessene Familie aus Granada, Los Amaya, tritt in der Disko Liceo (s. S. 87) auf.

Das Angebot in der Markthalle 20 ist ein Fest für die Sinne

Málaga für Shoppingfans

Die **calle Marqués de Larios** ❶ gilt als Haupteinkaufsmeile, allerdings haben sich die Geschäfte in gewandelt. Heute findet man hier eher weniger kleine, inhabergeführte Shops, sondern mehr Filialen internationaler Ketten. Diese kleineren Läden liegen noch sehr viel mehr in der Parallelstraße **calle Nueva** [B4] und teilweise noch in der **calle Granada** [B–D3] bzw. in der **calle Molina Lario** [C3–4]. Weitere interessante Shops im Zentrum finden sich im Umfeld der Plaza de la Constitución ❸. Größere Einkaufszentren liegen etwas außerhalb der City, hier vor allem sehr nahe zum Fluss das große Kaufhaus El Corte Inglés (s. S. 93), aber auch ein Stück weiter hoch das Einkaufszentrum Centro Comercial Larios (s. S. 93) und das etwas kleinere Shoppingcenter Vialia (s. S. 93), das sich im Gebäude des Hauptbahnhofs Estación María Zambrano befindet. All diese Einkaufsgebiete sind fußläufig erreichbar und liegen im erweiterten innerstädtischen Bereich.

Bücher

60 [B4] **Casa del Libro,** c/ Nueva 5, Tel. 902575587, geöffnet: Mo.–Sa. 10–21 Uhr. Recht großer Laden einer landesweiten großen Buchhandelskette. Hat auch Bildbände zu Andalusien im Angebot.

61 [B5] **Librería Luces,** Alameda Principal 16, Tel. 952122100, geöffnet: Mo.–Sa. 10–21 Uhr. Zentral gelegene größere Buchhandlung, vertreibt auch Málaga-Stadtpläne und einige wenige deutschsprachige Bücher.

Lebensmittel

62 [C3] **Beher,** Plaza Carbón 3, Tel. 952220359, geöffnet: Mo.–So. 9–24 Uhr. Mischung aus Feinkostgeschäft und Probier-Bar. Hier gibt es Qualitätsschinken, auch *bocadillos* (s. S. 75) und eingeschweißte Wurstwaren zum Mitnehmen.

63 [B4] **El Almacén del Indiano,** c/ Cisneros 7, Tel. 952219319, geöffnet: Mo.–Fr. 11.30–15 und 18–21, Sa. 11.30–16 Uhr. Lebensmittelgeschäft mit speziellem Angebot, vor allem Produkten aus Málaga und dem Umland. Es gibt auch eine Probiermöglichkeit im Laden.

066ma-mux

20 [B4] **Mercado Central de Atarazanas.** Die schönste Markthalle der Stadt lässt keine Wünsche offen (s. S. 45).

64 [C3] **Sabor a España,** c/ Santa María 21, Tel. 957846294, geöffnet: Mo.–Sa. 10–21.30 Uhr. Ein Geschäft für spanische Süßigkeiten wie Schokolade, Turrones (an Weihnachten beliebtes, sehr festes Naschwerk mit Mandeln), Trockenfrüchte und Nüsse, aber auch Essig.

Mode

65 [B4] **COS Collection of Style,** c/ Larios 4, Tel. 951766282, Mo.–Sa 10.30–21.30 Uhr. Lässige, alltagstaugliche Damen- und Herrenmode, nicht teuer.

66 [B4] **El Ganso,** Plaza de la Constitución 3, Tel. 952609625, geöffnet: Mo.–Sa. 10–21 Uhr. Kleiner Laden mit spanischer Damen- und Herrenmode, die elegant und witzig zugleich ist und sich auch ein wenig am britischen Stil orientierte, was zu einem völlig überraschenden Erfolg führte. Seit der Eröffnung des ersten Geschäfts in Madrid 2004 haben die beiden Macher mittlerweile allein spanienweit über 70 Shops eröffnet.

67 [B4] **El Rocío,** c/ San Juan 1, Tel. 952225495, geöffnet: Mo.–Sa. 10–13.30 und 17–20.30 Uhr. Ein Geschäft für andalusische Festtagsbekleidung, auch klassische Flamenco-Kleider und entsprechende Accessoires wie Kastagnetten und Flamencoschuhe sind im Angebot.

68 [B4] **Obag Store,** c/ Nueva 6, Tel. 952124318, geöffnet: Mo.–Sa. 10–21 Uhr. Schöne und sehr modische Handtaschen und Accessoires.

69 [B3] **Sombreros Casa Pedro Mira,** c/ Especería 18, Tel. 952212951, geöffnet: Mo.–Fr. 10–13.30 und 17–20.30, Sa. 10.30–14 Uhr. Klassischer Laden für Herrenkopfbedeckungen mit langer Geschichte auf dem Buckel, gegründet in einer Zeit, als Hüte noch selbstverständlich getragen wurden. Einer der letzten Läden, der ein wenig wie aus der Zeit gefallen wirkt und genau deshalb auch so charmant ist.

70 [B3] **Viva la Feria,** c/ Cisneros 4, Tel. 952217200, geöffnet: Mo.–Sa. 10.30–13.30 und 17–20 Uhr. Flamenco-Kleider und -schuhe sowie typisch andalusische Trachten, auch für Herren.

Im Viva la Feria statten sich Flamenco-Tänzer aus

067ma-mux

71 [B3] **Zerimar,** c/ Granada 12, Tel. 952212752, geöffnet: tägl. 10–21 Uhr. Seit 1942, gute Auswahl an Lederwaren auf vier Etagen. Schuhe, Jacken, Taschen, Gürtel.

Kunst und Kunsthandwerk

72 [B3] **Enmarque Cuadros,** c/ Compañía 32, Tel. 952222778, geöffnet: Mo.–Fr. 10–13.30 und 17–20.30, Sa. 10–13.30 Uhr. Klassisches Geschäft, in dem Bilder mit Málaga-Motiven verkauft werden, darunter auch religiöse Motive.

73 [C3] **Sherezade Zoco,** c/ Granada 38, Tel. 952062301, geöffnet: Mo.–Sa. 11–21 Uhr. Nennt sich auch „Zoco andalús", also ein Geschäft, das vom Angebot und der Einrichtung einem orientalischen Markt nachempfunden ist. Bunte und breite Auswahl an marokkanischen und indischen Kleidern, Stoffen, Ohrringen, Taschen, Teppichen, Lampen, etc. Ideal zum Stöbern und Zeitvergessen. Die Artikel sind teilweise handgefertigt.

Schuhe

74 [C4] **Antonio Parriego,** c/ Molina Lario 20, Tel. 952124330, geöffnet: Mo.–Sa. 10–21 Uhr. Schuhe und Taschen aus Spanien, seit 1962. Aus einem kleinen lokalen Geschäft wurde eine spanienweit operierende Marke mit schicken, sportlichen oder lässigen Modellen.

75 [B4] **Calzados Hinojos,** c/ San Juan 20, Tel. 952212735, geöffnet: Mo.–Sa. 10–13.45 und 17–20.30 Uhr, samstagnachmittags geschlossen. Vor allem *alpargatas* (Leinen-Bast-Schuhe) in allen möglichen Formen, Farben und Ausprägungen werden hier neben anderen Modellen verkauft.

76 [B4] **Martín Luque,** c/ Puerta del Mar 18, geöffnet: Mo.–Sa. 10–14 und 17–21 Uhr. Schuhgeschäft mit klassischer Auswahl für Damen, Herren und Kinder.

77 [B4] **Marypaz,** c/ Nueva 28, Tel. 952227742, geöffnet: Mo.–Sa. 9.30–21 Uhr. Spanienweit agierende Schuhhandelskette mit Damen- und Herrenschuhen in jungem, lässigen Stil.

78 [C4] **Rosselli,** c/ Molina Lario 18, Tel. 952214323, geöffnet: Mo./Di. 10–13.45 und 17–20.30, Mi.–Sa. 10–20.30 Uhr. Elegante und lässige Damen- und Herrenschuhe mit Stil.

Shoppingareale

Die wichtigsten Shoppingbereiche der Stadt sind im Kartenmaterial mit einer rötlichen Fläche markiert.

Einkaufszentren

79 [bk] **Centro Comercial Larios,** Avenida de la Aurora 25, Tel. 952369393, Geschäfte Mo.–Sa. ab 10 Uhr geöffnet, WLAN. Mehrstöckiges Einkaufszentrum mit eigenem Parkhaus, nicht sehr weit vom Bahnhof entfernt. Viele große und kleinere Marken sind vertreten, oben gibt es einen Eroski-Supermarkt.

80 [bk] **El Corte Inglés,** Avenida Andalucía 4, geöffnet: Mo.–Sa. 9–22 Uhr. Große Filiale der landesweit bekannten Kaufhauskette, in der man schlicht alles findet, vom bestens bestückten Supermarkt bis zu den verschiedensten Moderichtungen.

81 [bk] **Einkaufszentrum Vialia,** im Bahnhof María Zambrano, Geschäfte geöffnet: Mo.–Sa. 10–22 Uhr. Liegt direkt im großen Bahnhofsgebäude und bietet eine Vielzahl von Geschäften (u. a. Mode, Spielzeug), aber auch mehrere Gastronomiebereiche und einen Mercadona-Supermarkt.

Málaga zum Träumen und Entspannen

- Der **Paseo del Parque** 24 wurde einst als kleiner, exotischer Park mit tropischen und subtropischen Pflanzen konzipiert. Damals lag er knapp außerhalb der Stadtgrenzen und es herrschte natürlich auch nicht der heutige Verkehr, sodass er tatsächlich eine Oase der Ruhe darstellte. Heute hat sich das ein wenig verändert, aber wer hier entlangspaziert, nimmt den vorbeifließenden Verkehr kaum wahr. Ein sehr schöner Weg zwischen all den Bäumen und Pflanzen unter einem regelrechten grünen Dach. Überall stehen kleine Ruhebänke, einige richtig schick mit Kacheln verziert, Papageien kreischen fröhlich und man kann hier im Schatten tatsächlich ein wenig Ruhe finden.
- Er ist nur ein kleiner Park, der **Jardín de Pedro Luis Alonso** [E4], der neben dem Rathaus an einer stark befahrenen Straße Paseo del Parque liegt. Das kann ja nichts werden mit ein bisschen Ruhe, denkt man unwillkürlich. Aber dann spaziert man hier durch diesen unvermutet ruhigen, unspektakulären Park und erfreut sich an den streng geometrisch angelegten Buschreihen, an den trotz der Hitze blühenden Blumen, an dem stillen Plätschern im Teich und so ganz langsam blendet man doch den Straßenverkehr aus, auch weil der Park nicht viel besucht ist.
- Der **Strand von Malagueta** 35 beginnt tatsächlich unmittelbar hinter der Stierkampfarena 26 und damit im erweiterten Umfeld der Innenstadt. Es ist schon ein klarer Vorteil dieser Stadt, dass man so rasch ans Meer und an einen Strand gelangen kann. Der Strand ist zwar nicht sonderlich spektakulär, aber zum Entspannen reicht es allemal, auch wenn man hier nur selten alleine sein dürfte. Vor allem nicht, wenn die Sonne scheint, und wann ist das in Málaga einmal nicht der Fall? Einen Platz zum Hinlegen wird man finden und dann träumt man sich mit Blick aufs Meer einfach mal weg.

068ma-mux

› Die **Flanierpromenade Muelle Dos** 27 wird eigentlich immer gut frequentiert, so richtig alleine ist man auch hier nie. Und dennoch kann man hier bei einem gemütlichen Bummel und der „längsten Pergola überhaupt“, so sagen es jedenfalls die Malagueños, seinen Gedanken nachhängen. Der Weg jedenfalls führt unmittelbar an der Wasserkante vor dem Hafenbecken entlang und tatsächlich scheint jeder Spaziergänger hier gleich einen Gang herunterzuschalten. Hektik versprüht hier niemand. Alle schlendern, gucken, schauen aufs Wasser, betrachten staunend die manchmal hier dümpelnden riesigen Schiffe und genießen die richtig nette Stimmung. Und wer Hunger oder Durst bekommt, setzt sich in eines der Terrassenlokale, wo man dann endgültig die Zeit vergisst.

Eine ganz andere Art der Entspannung bietet ein **Hamam**, ein arabisches Dampfbad:

•**82** [C3] **Baños Árabes,** c/ Tomás de Cózar 13, Tel. 952221138, www.elhammamspa.com, geöffnet: tägl. 11–22 Uhr. Ein kleiner Ruhepol zum Entspannen, entweder nur in einem arabischen Bad oder zusätzlich mit Massage

•**83** [B3] **Hammam Al-Ándalus,** Plaza de los Mártires 5, Tel. 952215018, http://malaga.hammamalandalus.com, geöffnet: tägl. 9.30–24 Uhr. Verschiedene Angebote mit arabischem Bad und unterschiedlichen Massagen sowie unterschiedlich langer Behandlungsdauer.

◁ *An der Playa Malagueta 35, dem Stadtstarand*

Zur richtigen Zeit am richtigen Ort

› **Reyes:** Am 6. Januar erhalten die Kinder ihre Weihnachtsgeschenke, die von den Heiligen Drei Königen gebracht werden. Dazu gibt es am Vorabend, dem 5. Januar, einen feierlichen Einzug in die Stadt, der staunend von Groß und Klein begleitet wird. Der Weg führt vom Ayuntamiento (Rathaus, [D4]) durch die zentralen Straßen der Stadt, u. a. durch den Paseo del Parque 24, die Alameda Principal 21 und Atarazanas [A5–B4] bis zur Plaza de la Merced 15.

› **Karneval** wird in Andalusien als Straßenkarneval mit zahlreichen Umzügen mit Tanzgruppen, die eine eigene Choreografie einstudiert haben, ganz groß gefeiert. Außerdem treten Musikgruppen auf, die Spottlieder singen, Chöre und andere Musikgruppen, teilweise im Teatro Cervantes (s. S. 88). Am Aschermittwoch ist aber auch in Andalusien alles vorbei, ein letztes Mal ziehen die Menschen durch die Straßen, diesmal alle in Schwarz gekleidet in tiefer Trauer und herzergreifend weinend. Sie ziehen nämlich zur „Beerdigung der Sardine“, einer überdimensional großen Sardine aus Pappe oder Holz, die schließlich verbrannt wird, was das Ende des Karnevals besiegelt und den Beginn der Fastenzeit einläutet, in der man überwiegend Fisch essen sollte.

› **Spanisches Filmfest – Festival de Cine Español** (Frühjahr, meist im April): Eine Woche lang werden im Teatro Cervantes (s. S. 88) spanische Filme gezeigt, und zwar solche, die in den folgenden Wochen in die Kinos kommen, außerdem Dokumentationen und Kurzfilme. Der beste Film des Jahres wird mit dem Biznaga de Oro (Gold-Jasmin) ausgezeichnet, der beste Regisseur erhält den Silber-Jasmin.

› **Ostern:** Die **Semana Santa** (wörtlich: Heilige Woche) ist geprägt von mehreren Prozessionen und Umzügen, organisiert mehrheitlich durch religiöse Bruderschaften, aber auch durch Studentengruppen, Vertreter der Polizei, des Militärs oder bestimmte Berufsgruppen (Fischer beispielsweise). In Málaga finden in der einwöchigen Osterzeit zwischen Palmsonntag und Ostersonntag täglich mehrere Prozessionen statt, die eine Mischung aus Religiosität, Fiesta, Bußgang, Drama und farbenfrohem Spektakel sind. Die Bruderschaften ziehen durch die Straßen und tragen ein tonnenschweres Gestell, auf dem die Skulptur der Schutzheiligen ihrer Kirche steht. Im Gegensatz zu Sevilla sind die Träger dieses Gestells hier in Málaga sichtbar, während sie in Sevilla unterhalb des Gestells gehen und durch einen Art Vorhang kaum zu sehen sind. Eine sehr anstrengende Sache, ein Vorsteher dirigiert die Träger durch Kommandos. Er versucht, sie in einen leicht schaukelnden Gang zu bringen, gewährt ihnen aber immer wieder Pausen, indem er mit einem Glöckchen das Zeichen zum Absetzen des Gestells einläutet. Begleitet wird die Prozession von einer Musikkapelle, die getragene Melodien spielt. Manchmal sind es schweigende Umzüge (besonders am Karfreitag), sehr oft sind sie aber auch von Musik begleitet und immer wieder kommt der ganze Umzug zum Stehen, wenn jemand voller Emotionalität aus tiefstem Herzen ein Loblied *(saeta)* singt. Begleitet werden die Umzüge auch von Nazarenos, Büßern, die in knöchellangen Trachten mit spitz zulaufenden Kapuzen gehen, die das Gesicht verbergen. Die Prozessionen in Málaga folgen einem strengen Fahrplan und führen alle über die Alameda Principal ㉑, die calle Marqués de Larios ①, die Rotonda del Marqués de Larios und die calle Granada [B-D3]. Viele Menschen warten hier stundenlang auf die Prozessionen, es werden Stühle und sogar Balkone vermietet. Das Ganze dauert meist mehrere Stunden, denn die Bruderschaft muss zunächst den *trono* (Thron), das Gestell mit der Heiligenfigur, aus der jeweiligen Kirche holen, dann auf einem festgelegten Weg auf der Prozessionsstrecke durch die Stadt ziehen und schließlich wieder zurück zur Kirche gehen. Infos zum Zeitplan und zu den einzelnen Wegstrecken: www.semana-santa-malaga.com oder http://agrupaciondecofradias.com.

070ma-mux

‹ *Verkleidete Büßer während der Osterprozession*

071ma-hj

› **Cruces de Mayo (Mai-Kreuze)** werden in vielen Orten gefeiert. Dabei werden am ersten Mai-Wochenende auf den wichtigsten Plätzen der Stadt blumengeschmückte Kreuze aufgestellt, wobei immer auch ein wenig um das schönste Werk gewetteifert wird. Abends findet dann rund um dieses Kreuz eine Feier mit Tanz und Getränken statt. Das Fest erinnert an das Auffinden des Kreuzes, an dem Jesus starb, durch die Mutter des römischen Kaisers Konstantins. Sie schickte daraufhin kleine Teile des Kreuzes in die gesamte christliche Welt, so jedenfalls besagt es die Legende.

› **San Juan** ist ein landesweites Fest, das in der Nacht vom 23. auf den 24. Juni (Johannisnacht) gefeiert wird, wo immer möglich am Strand. Es geht dabei laut zu, ständig krachen Feuerwerk und Knallkörper und so geht es die ganze Nacht hindurch. Um Mitternacht werden Holzstapel angezündet, teilweise werden auch Puppen verbrannt, die das Böse symbolisieren. Diese Puppen werden auch *Júas* (Judas) genannt.

› **Fiesta de la Virgen del Carmen** (16. Juli) wird in fast allen Fischer- und Küstenorten mit einer Prozession übers Meer gefeiert. Dabei wird die Skulptur der Schutzheiligen der Seeleute und Fischer, die Jungfrau Virgen del Carmen, auf einem blumengeschmückten Boot transportiert und anschließend unter einem begleitenden Konzert von Schiffssirenen und Feuerwerk feierlich an Land gebracht.

› Vom zweiten bis dritten Samstag im August findet die **Feria de Málaga** statt, das wohl größte Volksfest der Stadt. Offiziell eröffnet wird die Feria in der Nacht zum Samstag Punkt Mitternacht mit einem großen Feuerwerk an der Playa Malagueta 35. Am nächsten Morgen beginnt gegen 11 Uhr eine feierliche Prozession vor dem Rathaus (Ayuntamiento, [D4]) am Paseo

Schick gemacht für die Feria de Málaga im August

Landesweite Feiertage

Wie überall in Spanien werden auch in Málaga die folgenden landesweiten Feiertage begangen. Der zweite Weihnachtsfeiertag und Ostermontag sind in Spanien keine offiziellen Feiertage.

- **1. Januar:** Año Nuevo, Neujahr
- **6. Januar:** Día de Reyes, Heilig Drei König
- **Gründonnerstag:** Jueves Santo
- **Karfreitag:** Viernes Santo
- **1. Mai:** Día del Trabajo, Tag der Arbeit
- **25. Juli:** Santiago Apóstol, Sankt Jakobus
- **15. August:** Fiesta de la Asunción, Mariä Himmelfahrt
- **12. Oktober:** Día de la Hispanidad, auch Día de la Raza genannt, Tag der Entdeckung Amerikas
- **1. November:** Todos los Santos, Allerheiligen
- **6. Dezember:** Día de la Constitución, Tag der Verfassung
- **8. Dezember:** Purísima Concepción, Tag der Unbefleckten Empfängnis
- **25. Dezember:** Navidad, Weihnachten

del Parque 24, an der gut 100 festlich geschmückte Kutschen teilnehmen, die zunächst über den Paseo del Parque fahren und schließlich vor der Iglesia Santa Victoria 17 enden, dort, wo die Reyes Católicos (s. S. 24) vor der Einnahme der Stadt campiert haben sollen. Danach beginnt die Party mitten in der Stadt, vor allem in der Calle Marqués de Larios 1 und an der Plaza de la Constitución 3. Dort werden mehrere Bühnen mit Livemusik und vor allem Kioske aufgebaut, wo Wein, Sherry und Bier in Strömen fließen, es gibt auch Snacks und Tapas. Viele Menschen sind richtig schick in festlichen Flamenco-Kleidern unterwegs. Von überallher dröhnt Flamenco, die Stadt ist proppenvoll, an jeder Ecke wird getanzt. Dieser Teil wird **„Feria de día“** genannt („Tages-Feier“), sie endet immer gegen 18 Uhr. Die **„Feria de noche“,** Nacht-Feier, findet sechs Kilometer außerhalb auf dem riesigen Festgelände Recinto Ferial statt. Beginn ist dort etwa um Mitternacht, vorher ist nicht viel los. Busse pendeln die ganze Nacht aus der Innenstadt dorthin. Dort stehen *casetas,* unterschiedlich große Festzelte, in denen man essen, aber vor allem auch schick feiern kann. Einige *casetas* sind so beliebt, dass Türsteher den Einlass regeln. Drinnen gibt es vor allem Flamenco auf die Ohren, aber auch Hardrock, je nach Ausrichtung des Sponsors. Grundsätzlich sind die *casetas* für alle offen, geschlossene Privatveranstaltungen gibt es hier nicht. Und dies sei die eigentliche, die „richtige“ Feria, wurde mehrfach versichert. Erinnert wird mit diesem Fest übrigens an die Rückeroberung der Stadt am 18. August 1487 durch die Reyes Católicos, aber das zählt heute nur am Rande.

- **Weihnachten** wird in Spanien am 25.12. gefeiert und auch mit Messen in der Nacht vorher, aber **Weihnachtsgeschenke** gibt es in Spanien am 6. Januar (Fest der Heiligen Drei Könige).

MÁLAGA VERSTEHEN

072ma-mux

Málaga ist die sechstgrößte Stadt Spaniens und eine der reizvollsten des Landes. Sie konnte sich über Jahrhunderte ausdehnen, so viel sie wollte; der alte Kern mit der Altstadt aber blieb, was er schon immer war: ein kleines, überschaubares Viertel mit engen Gassen, inhabergeführten Geschäften, Wein- und Tapa-Bars und ganz viel Charme. In diesem Kapitel soll ein wenig von der Historie erzählt werden, von der allgemeinen Stadtentwicklung und von den Menschen, die hier leben.

Vorseite: Schickes Haus im Zentrum

Málaga bei Sonnenuntergang

Málaga – ein Porträt

Bis heute wird der innerstädtische Bereich durch eine **Vielzahl von schmalen Gassen aus der arabischen Epoche** und von einigen **herausragenden Bauwerken** geprägt: der Alcazaba 11, der Kathedrale 6, dem Römischen Theater 13 und einigen tollen Kunstmuseen, allen voran dem Picasso-Museum 10. Dieses Bild werden Besucher auf einer Fahrt vom Flughafen ins Zentrum natürlich nicht vorfinden, denn in den **Außenbezirken** sieht Málaga aus wie jede andere spanische oder europäische Großstadt. Der Charme zeigt sich erst im „**centro**" und genau dort befindet sich auch fast alles touristisch Interessante.

Málaga ist mit seinen 569.000 Einwohnern die **sechstgrößte Stadt in Spanien** und die zweitgrößte in Andalusien (nach Sevilla). Sie zählt auch zu den **ältesten Städten Spaniens**, viele große Kulturen siedelten hier und alle nutzten die gute Lage und den Zugang zum Meer, denn Málaga liegt an einer weitgeschwungenen

Bucht, wo alle früheren Herrscher schon einen **Hafen** betrieben, zumindest das hat sich bis heute nicht geändert. Im Hinterland wird Málaga von einer **Gebirgskette** gegen kühle Winde und zu häufige Regenfälle geschützt. Nicht zufällig heißt die sich anschließende Ferienküste Costa del Sol – Sonnenküste.

In baulicher Hinsicht war in Málaga vor allem die **islamisch-maurische Zeit** prägend, obwohl die christlichen Könige alles daran setzten, nach der Eroberung der Stadt 1487 dieses Erbe möglichst schnell auszulöschen. Einige Gebäude, vor allem Moscheen, wurden komplett zerstört und durch Kirchen ersetzt und auch der Hauptplatz (heutiger Plaza de la Constitución 3) sollte Größe und Macht demonstrieren, gepaart mit einer kerzengeraden Verbindungsstraße zum Meer, der heutigen calle Marqués de Larios 1. Aber gänzlich konnte das unregelmäßige Straßenbild, das sich in der islamischen Zeit über Jahrhunderte entwickelt hatte, nicht beseitigt werden – zum Glück, würde man heute sagen. Die vielen **schmalen, engen Gassen und Straßen im Zentrum** sind noch heute ein Spiegel jener Zeit. Sicherlich wurden auch hier genügend Veränderungen vorgenommen und vor allem auch die Häuser neu errichtet, aber der unregelmäßige Aufbau stammt noch aus jener Zeit. Die **Innenstadt** ist nicht übermäßig groß und war lange Zeit das Kerngebiet von Málaga. Eingerahmt wird sie von einem Fluss zur linken Seite, dem **Río Guadalmedina**, und dem hochaufragenden Hügel **Gibralfaro** zur rechten Seite, auf dem schon die Mauren eine Festung und einen Leuchtturm errichteten. Der Fluss ist heute im Stadtgebiet zumeist ausgetrocknet und macht optisch keinen guten Eindruck. Da könnten sich die Stadtväter mal an Madrid wenden, denn dort schuf man aus einem vergleichbar traurigen Flussbett eine mittlerweile blühende Freizeitlandschaft. Aber vielleicht kommt das ja auch noch, in Málaga tat sich auch in der Vergangenheit so einiges. Im **19. Jh.** wurden die ersten Häuser **außerhalb des alten Zentrums** gebaut und erste **Pracht-Straßen** wie die Alameda Principal 21 oder der Paseo del Parque 24 angelegt. Damals ging es der Stadt gut, einige Industrielle kamen zu viel Geld und zeigten dies in Form von schicken Bürgerhäusern. Ihre Fabriken standen außerhalb der Stadt, meist im Westen jenseits vom Fluss, wo später auch Wohnsiedlungen für die Arbeiter entstanden, zumeist recht einfache Wohnblocks. Dies gilt grundsätzlich auch heute noch und das kann auch jeder sehen, der mit einem Taxi vom Flughafen ins Zentrum fährt. Nach Osten, jenseits vom Gibralfaro-Hügel, lagen schon immer die Viertel der Fischer, vor allem in **Pedregalejo** [fj] und **El Palo** [fk]. Davor schob sich östlich des Gib-

073ma-jg

Málaga in Zahlen

- **Stadtgründung:** kein konkretes Datum. Im 8. Jh. v. Chr. von den Phöniziern gegründet, danach u. a. von Römern und Mauren beherrscht, wurde Málaga am 18. August 1487 von den christlichen Truppen unter den Reyes Católicos (s. S. 24) erobert und ins Spanische Reich integriert.
- **Einwohner:** 569.000
- **Bevölkerungsdichte:** 1428 Einwohner/km²
- **Fläche:** 398 km²
- **Höhe ü. M.:** 8 Meter

ralfaro-Hügels mit **Limonar** ein etwas wohlhabenderes Viertel, dort stehen noch heute einige schicke Villen so richtig schön am Hang. Aber die Fischer gab es eben auch; sie lebten in gedrungenen Häusern am Meer. Heute sind es weniger als früher und aus den Häusern sind Ferienwohnungen oder Lokale geworden, die von den Bewohnern Málagas am Wochenende begeistert besucht werden. Die **Ausdehnung nach Norden** wurde von der Gebirgskette gestoppt, dort befindet sich heute auch ein sehr schöner **Botanischer Garten** 34 und nicht ganz so weit draußen das Stadion des CF Málaga 33, des örtlichen Fußballklubs.

Im **Zentrum** wurden viele Straßen und Gassen zu **Fußgängerzonen** umgestaltet, weswegen die **Tapa-Bars** nun verstärkt Tische draußen platzieren, was wiederum von den Besuchern dankend angenommen wird. Die innerstädtische Zone wird aber nicht nur von den Touristen besucht, auch die Bewohner kommen regelmäßig ins *centro,* besuchen Lokale, kaufen ein und feiern ihre wichtigsten Feste nach wie vor dort, u. a. das große Sommerfest im August (s. S. 97) und die Osterwoche (s. S. 96), bei der alle Prozessionen durch das Zentrum führen (wird übrigens live im lokalen Fernsehen übertragen).

Neueste städtebauliche Veränderung war die **Umgestaltung der Hafenkante** hinter dem Paseo del Parque 24 zu einer sehr **angenehmen Flaniermeile**, genannt Muelle Dos 27. Auch diese Zone wird von allen begeistert angenommen, zumal

074ma-hj

sich fast direkt daran der Stadtstrand Malagueta 35 anschließt. Und dorthin zieht es Besucher wie Bewohner, sobald die Sonne sich auch nur ein wenig zeigt, was fast immer der Fall ist. Ein weiterer großer Plan ist der **Bau einer Metro ins Zentrum** (siehe auch S. 109), was aber derzeit hakt und auch die langsame Umgestaltung des Stadtteils Soho (s. S. 74) in ein Kunst- und Künstlerviertel. Viel ist da noch nicht passiert, aber das wird schon, denn Málaga hat sich sowieso der **Kunst** verschrieben. Mehrere hochwertige Kunstmuseen gibt es in der Stadt (Picasso 10, Carmen Thyssen 4) oder Filialen großer ausländischer Museen (Centre Pompidou 29, Russisches Kunstmuseum St. Petersburg 32) und auch die lokale Kunstszene wird wieder stärker bedacht. So ist das lange geschlossene Museum der Schönen Künste wieder eröffnet und zusammen mit einer archäologischen Abteilung im Museo de Málaga 25 integriert. Da ist schon einiges in Bewegung gekommen und das Stadtbild wird sich in den kommenden Jahren sicher weiter verändern. Außerdem wurde in den vergangenen Jahren in die **Infrastruktur** investiert. So wurde der Flughafen erweitert, der Schnellzug AVE rauscht nun in drei Stunden nach Madrid und ein Autobahnring umfährt großzügig die Stadt. Aber die Innenstadt bleibt irgendwie doch so, wie sie schon immer war: hübsch, etwas wuselig, originell, schön und vor allem mit ganz viel Atmosphäre. Die fehlt zumeist in den Randgebieten, aber deswegen wird das alte Viertel ja auch so sehr von allen geliebt.

Die Hafenmeile wurde wunderbar umgestaltet

Von den Anfängen bis zur Gegenwart

Málaga ist eine Stadt mit langer Geschichte, die frühesten Wurzeln reichen bis ins 8. Jh. v. Chr. zurück, als Phönizier hier eine Siedlung gründeten. Somit zählt Málaga zu den ältesten Städten in Europa.

- **8. Jh. v. Chr.:** Phönizier gründen eine Siedlung namens Malaka unterhalb des Berges Gibralfaro und entwickeln von hier einen regen Handel übers Meer. Wahrscheinlich dauerte diese Phase von 770 bis etwa 550 v. Chr.
- **6. Jh. v. Chr.:** Die Griechen gründen eine Siedlung mit dem Namen Mainake ganz in der Nähe, was aber nicht zweifelsfrei belegt ist.
- **573 v. Chr.:** Die Karthager erobern Malaka.
- **218 v. Chr.:** Die Römer erobern die Siedlung, die jetzt Malaca heißt, besiedeln sie, geben ihr eigene Gesetze und errichten eigene Bauwerke, u. a. das Teatro Romano 13, von dem noch Teile existieren.
- **325:** Dokumente des Konzils von Nicäa belegen, dass es in Malaca eine starke christliche Gemeinde gibt. Wenige Jahre vorher (um 303) sterben mit Ciriacos und Paula zwei Märtyrer für ihren Glauben, heute gibt es ihnen zu Ehren eine Kirche in Málaga, die Iglesia de los Santos Mártires 5.
- **411:** Die germanischen Westgoten erobern das Gebiet um Málaga.
- **8. Jh.:** Die germanische Vormachtstellung wackelt. 711 beginnt die landesweite Eroberung durch maurische Truppen aus Nordafrika.
- **743:** Die Stadt wird endgültig in das islamisch geprägte Großgebiet al-Adalus integriert und Málaqa genannt, nachdem letzte Aufstände der Bevölkerung niedergeschlagen sind. In den folgenden Jahr-

075ma-mux

zehnten wird die Stadt ausgebaut und ist mit 20.000 Einwohnern eine der größten Städte in Spanien.

› **1026:** Die Vorherrschaft des Kalifats von Córdoba löst sich auf, Málaqa wird ein eigenständiges Königreich.

› **1238:** Das Königreich Málaqa verliert seine Unabhängigkeit und gerät unter die Kontrolle von Granada.

Truppen der spanischen Königin Isabel la Católica eroberten einst Málaga

› **1487:** Die christlichen spanischen Könige erobern die Stadt am 13. August und beenden die islamische Vorherrschaft, der überwiegende Teil der Bevölkerung wird verjagt oder versklavt. An ihrer Stelle siedelt man Christen aus Nordspanien an und baut umgehend vier Kirchen, die alle noch existieren.

› **15. Jh.:** Nach der Eroberung wird das islamische Erbe getilgt, Moscheen werden zerstört und in Kirchen umgewandelt und das Straßenbild wird verändert, u. a. wird eine Hauptachse vom zentralen Platz zum Hafen geschlagen, die heutige calle Marqués de Larios 1.

› **16. Jh.:** Anfänglich blüht dank des Hafens und der Landwirtschaft der Handel, Wohlstand wird geschaffen. Dann aber kommt es in den Bergen zum Aufstand der letzten verbliebenen und zwangsgetauften Araber. Dieser wird blutig niedergeschlagen, die Überlebenden werden vertrieben. Dadurch verschwinden aber auch langjähriges Wissen und handwerkliche Techniken.

› **1588:** Eine Schutzmauer wird um den Hafen gebaut, der insgesamt räumlich verändert wird, was zu einem wirtschaftlichen Aufschwung durch den Seehandel führt.

› **17. Jh.:** Málaga wird von Epidemien, Erdbeben und Überschwemmungen geplagt.

› **1704:** Gibraltar wird von den Engländern erobert, weshalb der Hafen von Málaga nun auch von militärischer Bedeutung ist.

› **1810–1812:** Frankreich besetzt Málaga, stößt aber seitens der Bevölkerung auf heftigen Widerstand, bis schließlich die Franzosen vertrieben wurden.

› **1831:** Der liberale General Torrijos und 40 Mitstreiter, die sich gegen den absolutistischen spanischen König Fernando erheben wollten, werden in Málaga exekutiert, sie ruhen heute unter einem Denkmal auf der Plaza de la Merced 15.

Auch in den folgenden Jahren kommt es zu Aufständen.

- **19. Jh.:** In der zweiten Hälfte des Jahrhunderts nimmt die Industrialisierung in Málaga an Fahrt auf, einige Familien waren sehr reich. Die Fabriken entstehen außerhalb des immer noch kleinen, eher mittelalterlich geprägten Stadtkerns im Westen, die Reichen lassen sich im Osten große Villen bauen. Nach der Öffnung der alten Stadtmauer entstehen in der Nähe der Stadt auch neue Wohngebiete, u. a. die Alameda Principal 21.
- **1854:** Die Banco de Málaga wird gegründet.
- **1860:** Die ersten Bahnlinien eröffnen, zunächst nur regionale Strecken nach Álora und Cártama, dann auch nach Córdoba, was den Anschluss an das spanische Eisenbahnsystem bedeutet. Im gleichen Jahr werden ganze Stadtviertel gegründet, damit die Arbeiter näher an den Fabriken wohnen, die Stadt boomt.
- **1880:** Das Musikkonservatorium wird gegründet.
- **Ende des 19. Jh.:** Der Boom schwächt sich ab. Gründe sind der immer teurer werdende Import von Kohle, den man für den Betrieb der Fabriken braucht, Rebläuse, die die Weinreben zerstören und das Brachliegen von Ländereien – viele Landbewohner kommen zum Arbeiten in die Fabriken –, das zum Sinken der Ernteerträge führt.
- Anfang **20. Jh.:** Málaga findet zunächst keine Antwort auf die wirtschaftliche Schwäche, viele Menschen verarmen.
- **1919:** Der Flughafen Málaga wird eröffnet.
- **1931:** In Spanien wird die Zweite Republik ausgerufen, viele Kirchen und Klöster werden zerstört und geplündert. In Málaga sind es insgesamt 41 kirchliche Gebäude, wobei wertvolle Kirchenschätze zerstört werden.
- **1936:** Der Spanische Bürgerkrieg bricht aus. Málaga wird am 7. Februar 1937 durch frankistische Truppen besetzt. Das bewirkt eine Massenflucht über die einzige noch freie Straße nach Almería, die aus der Luft bombardiert wird. Diktator Franco reagiert brutal, etwa 20.000 Menschen kommen um.
- **1950er Jahre:** Der Tourismusboom setzt ein, erreicht die Strände der Costa del Sol und schafft Arbeitsplätze.
- **1972:** Die Universität Málaga wird gegründet.
- **1988:** Der Nachbarort Torremolinos boomt wie kaum ein zweiter in Spanien und löst sich administrativ von Málaga, die Stadt verliert 50.000 Einwohner und 6 % ihrer Steuereinnahmen.
- **Anfang des 21. Jh.:** Málaga erlebt einen wirtschaftlichen Aufschwung, auch der Tourismus spielt eine Rolle. Der Hochgeschwindigkeitszug AVE verkehrt mittlerweile und verkürzt die Fahrzeit nach Madrid auf 3 Stunden. Eine Metro wird gebaut, Hafen und Flughafen werden erweitert.
- **Ab 2010:** Die Stadt setzt verstärkt auf Kultur, mehrere hochwertige Kunstmuseen werden in den nächsten Jahren eröffnet. Außerdem bewirbt sich Málaga um den Titel „Kulturhauptstadt Europas 2016“, den Zuschlag bekommt aber die nordspanische Stadt San Sebastián.
- **2011:** Eine nette Flaniermeile, genannt „Muelle Uno“ und etwas später „Muelle Dos“ 27, entsteht direkt an der Wasserkante und schafft eine noch stärkere und direktere Verbindung vom historischen Stadtzentrum zum Hafen.
- **2014:** Die ersten beiden Linien der Metro werden eröffnet, der Weiterbau in das Zentrum ist geplant.
- **2015:** Das Kunstmuseum Centre Pompidou 29 eröffnet seine Ausstellung am Hafen am Schnittpunkt von Muelle Uno und Muelle Dos.
- **2017:** Die Arbeiten an der Metro kommen nicht recht voran, beim letzten und entscheidenden Teilstück bis ins Zentrum gibt es ständig Probleme.

Leben in der Stadt

„Kälte zieht zusammen, Wärme erweitert, das gilt auch für die Seele", so sagen es nicht wenige Andalusier und die wissen wovon sie reden. Denn die **Malagueños**, die Bewohner von Málaga, sind mit Wärme gesegnet, 2900 Stunden im Jahr scheint die Sonne. Oder anders ausgedrückt: Es gibt nur 42 Regentage im Jahr ... Und nicht zufällig heißt eine in ganz Europa beliebte Ferienregion, die gleich um die Ecke von Málaga liegt, „Costa del Sol" – Sonnenküste.

Eine derartige klimatische Konstanz prägt natürlich das Leben. Und das spielt sich meist draußen ab. Die **Wohnverhältnisse** sind nicht immer ideal, da hält man sich dann doch lieber draußen auf. Zumindest bis zum Mittagessen um 14 oder 15 Uhr versucht jeder, seine Pflichten und Besorgungen zu erledigen, danach erstirbt das **tägliche Leben auf der Straße**, es erwacht erst wieder so gegen 20, 21 Uhr. Auch solch ein Rhythmus prägt das alltägliche Dasein, die Wärme verschiebt die Lebenskoordinaten.

Die **Winter** sind milder als in unseren nördlichen Breiten, kurzfristige Regentage oder Kälteeinbrüche übersteht man reichlich klagend, aber dann scheint auch bald wieder die Sonne. Diese Leichtigkeit trägt auch durch den Alltag. Oder wie es schon der Brite **Gerald Brenan**, der heute auf dem Englischen Friedhof in Málaga ruht 30, vor rund 100 Jahren in seinem Buch „Südlich von Granada" schrieb: „Noch immer findet man südlich der Pyrenäen eine Gesellschaft vor, die wesentliche Bedürfnisse der menschlichen Natur höher schätzt als technische Organisation, wie sie ein höherer Lebensstandard erfordert." Gut beobachtet und bereits um 1920 niedergeschrieben.

Der **zwischenmenschliche Kontakt** wird gesucht und gepflegt. Abends nach der Arbeit schweigend nach Hause? Kommt vor, aber genauso gerne trifft man sich in einer Bar auf ein paar Tapas und Vinos. Im eigenen Heim trifft man sich praktisch nie, dafür gibt es die Bars und die finden sich überwiegend im Zentrum. Dorthin zieht es nicht nur die Touristen, sondern immer noch mehrheit-

076ma-mux

lich auch die Malagueños. Der Sonntag allerdings gehört der Familie. Da fährt man an den Strand, zum Picknick oder schlendert über den Flohmarkt. Und mittags geht es mit allen zum gemeinsamen Essen, das ist festes und fast heiliges Ritual am Sonntag. Selten sind die Restaurants so voll wie am Sonntagmittag.

Insgesamt lebt man nicht schlecht in dieser Stadt. Das Klima ist übers Jahr betrachtet milde, im Sommer allerdings sehr heiß. Es gibt viele **Arbeitsplätze** in der zweitgrößten andalusischen Stadt und viele **Freizeitmöglichkeiten.** Der Strand beginnt praktisch um die Ecke der City und wen es lieber in die **Natur** zieht, der muss auch nicht sehr weit fahren, Málaga ist von Bergen und sogar Naturparks umgeben. Die **Altstadt** ist übersät mit **Bars** und **Lokalen,** so etwas lockt natürlich zum Verweilen, zumal die meisten Malagueños außerhalb vom Zentrum in den Außenbezirken wohnen. Sie fahren aber gerne hinein ins *centro* zum Feiern, Einkaufen und zum *Tapear,* zum „Durch-die-Bars-schlendern-und-Tapas-verzehren".

Religiosität wird auch gelebt. Bei aller Modernität, die nun auch ihre Stadt erfasst hat, halten viele Menschen an den religiösen Ritualen fest. Mehrere Dutzend Kirchen verteilen sich über die Stadt und sie sind alle gut besucht. Wer einmal zu irgendeiner beliebigen Tageszeit irgendeine Kirche besucht, wird sehen, dass immer wieder Menschen ganz selbstverständlich nach dem Einkaufen zu einem stillen Gebet hereinkommen. Und an den großen Festen, besonders zur **Semana Santa** (s. S. 96), der heiligen Osterwoche, wenn täglich mehrere Prozessionen durch die Stadt ziehen, wird mit echter Inbrunst teilgenommen, auch seitens der Jüngeren. Die Prozessionen werden sogar live im Fernsehen übertragen.

077ma-mux

Die Andalusier haben nach wie vor einen starken **Familienzusammenhalt,** auch wenn längst nicht mehr alle Familienmitglieder unter einem Dach wohnen. Wer Geld verdiente, suchte sich eine eigene Wohnung, so weit nichts Ungewöhnliches. Bis die **Krise** nach Spanien kam und viele Menschen arbeitslos wurden. Nicht wenige junge Leute heuerten in der Boomphase auf dem Bau an, verdienten dort relativ gut, hatten aber weder ein Studium beendet noch einen Beruf gründlich erlernt. Sie waren die ersten, die

Fröhliche Malagueños auf der Feria de Málaga (s. S. 97)

In Málaga mit seinem milden Klima lässt es sich gut leben

078ma-mux

entlassen wurden. Später folgten auch gut ausgebildete Angestellte. Da die soziale Unterstützung vom Staat begrenzt ist, mussten viele notgedrungen wieder bei ihren Eltern einziehen, auch wenn sie mittlerweile älter als 30 oder gar 40 Jahre waren. Keine einfache Situation, aber der Familienzusammenhalt war und ist eben wichtig. Glücklich darf sich heute jeder schätzen, der einen festen Arbeitsplatz hat und keinen befristeten Job (die Arbeitslosigkeit in der Region liegt bei über 20 %). Dabei gibt es in und um Málaga durchaus viele Arbeitsplätze.

Mit **Ausländern** kamen viele Bewohner der Stadt Málaga lange Zeit eher nicht in Kontakt, es sei denn, sie hatten Jobs in der Tourismusindustrie an der benachbarten Costa del Sol, denn die Ausländer machten lange einen Bogen um Málaga, zu reizlos war die Stadt. Das hat sich gründlichst geändert, heute strömen an manchen Tagen **Tausende von Tagesgästen** ins Zentrum. Manchem Bewohner ist das schon wieder viel zu viel, andere versuchen, ein Stück vom touristischen Kuchen zu ergattern, arbeiten in Bars oder in Souvenirläden, in Hotels oder bieten Stadtführungen an. Die einen sehen es als Chance, lernen Englisch und legen in ihrem Restaurant eine englischsprachige Speisekarte aus, während andere noch lamentieren und die Besucher bestenfalls ignorieren. Eine Ablehnung der Touristen, wie man sie in Barcelona teilweise schon erlebt, spürt man in Málaga überhaupt nicht. Und die Lebensfreude der Menschen steckt dann auch die Besucher meist ein wenig an.

Vielleicht darf man zusammengefasst die Bewohner so charakterisieren: **fröhlich** und **religiös**, dabei **bodenständig** und **stolz auf ihre Stadt** sowie auf das kulturelle Erbe und vor allem das Leben im Hier und Jetzt genießend.

Die Badestelle Balneario de la Victoria liegt etwas außerhalb von Málaga

Metro Málaga – eine unendliche Geschichte

Mitten an der wichtigen Straße Alameda Principal (21) steht auf der einen Seite seit langer Zeit ein langer Bauzaun und es herrscht dahinter zeitwillig ein fürchterlicher Baulärm. Aber nur zeitweise – und das ist das Problem. Großformatige Schilder verraten, dass hier an der **U-Bahn von Málaga** gearbeitet wird, an einer „Metro Málaga". Diese Metro existiert bereits, es fehlen aber die letzten Meter bis ins Zentrum, und das ist derzeit das größte Problem, neben dem Streit über eine mögliche Weiterführung.

Die Bauarbeiten begannen 2006, zunächst entstanden **zwei Linien in die Vororte** in Form einer Y-Trasse. Diese beiden Linien wurden 2014 eingeweiht, sind derzeit 6,7 km bzw. 3,7 km lang und treffen sich am gemeinsamen Bahnhof El Perchel [bk], der sich direkt beim großen Fernbahnhof (s. S. 112) und Busterminal befindet. Angedacht ist eine Weiterführung der kürzeren Linie bis zum Flughafen. Die wird wohl auch kommen, aber angedacht war auch eine Weiterführung ins Zentrum und darüber hinaus bis nach Pedregalejo (37). Aber wie? Geplant war eine Trasse, die unter der Alameda Principal entlangführen sollte. Zum Bau hätte diese wichtige Straße für mindestens ein Jahr komplett gesperrt werden müssen. Außerdem fürchtete man, auf **archäologische Überreste** zu stoßen und nicht zuletzt bestand die Gefahr, die Wurzeln der über 100-jährigen Bäume an der Alameda zu zerstören.

Noch gibt es in Málaga nicht viele Metro-Stationen

079ma-mux

093ma-fo©alexfusion - stock.adobe.com

Ende 2012 entschied die neue andalusische Regionalregierung, dieses Projekt nicht weiter zu verfolgen. Der neue Plan sah nun eine oberirdische Fortführung über die Alameda Principal und entlang dem Paseo del Parque 24 vor. Diese Idee wurde von der Bevölkerung und dem Rathaus der Stadt vehement abgelehnt, man sammelte sogar 50.000 Unterschriften dagegen. 2013 waren beide Seiten so zerstritten, dass die Arbeiten ruhten, auch die an den beiden anderen Linien kamen nicht zum Ende. Erst im September einigten sich beide Seiten auf einen erneuten Plan, der eine **reduzierte Fortsetzung der Linie**, die nun unter dem Flussbett verlaufen solle, mit nur noch einer Station vorsah. Obendrein plante man eine weitere oberirdische Linie bis zum Krankenhaus Hospital Civil [bj] in nördlicher Richtung, diese sollte eigentlich das ausgetrocknete Flussbett nutzen. Schließlich wurde die angedachte Verlängerung bis Pedregalejo ganz auf Eis gelegt. Die beiden Ur-Linien wurden nun zu Ende gebaut und im Juli 2014 eingeweiht, mit fünf Jahren Verspätung. Heute fahren sie tadellos, aber eben nur bis El Perchel, die letzten Meter bis ins Zentrum fehlen immer noch. Die Idee mit dem Flussbett ist nun auch schon wieder in Frage gestellt, aber Stadt und Regionalregierung sind sich immerhin einig, dass die Linie bis zum Krankenhaus Hospital Civil [bj] gebaut werden soll. Nur wie? **Oberirdisch, unterirdisch oder teils-teils?** Ideen gibt es, Pläne werden auch gemacht, müssen aber noch von den Behörden genehmigt werden. Momentan liegt nur eine Genehmigung vor, nämlich die ursprüngliche zur Verlängerung der Linie 1 von El Perchel ins Zentrum bis zur Station „Atarazanas" an der Alameda Principal, Ecke calle Torregorda, also dorthin, wo derzeit die Bauzäune stehen. Derzeitig geplanter Eröffnungstermin: 2020.

Eine der bereits fertigen Metro-Haltestellen

PRAKTISCHE REISETIPPS

081ma-jg

An- und Rückreise

Per Flugzeug

Der **internationale Flughafen Málaga – Costa del Sol** liegt 10 km außerhalb der Stadt fast am Meer. Er besteht aus zwei Ebenen, die untere Ebene ist die Ankunftszone, oben befindet sich die Abflugzone. Von der Ankunftshalle führen Rolltreppen oder Fahrstühle ganz nach unten, von der Ebene Null fährt auch der Flughafenbus ab.

Per Zug in die Stadt

Die **Vorortbahn Cercanías de Málaga** hält direkt am Flughafen. Tagsüber fährt die Linie C1 alle 20 Min., sie erreicht Málaga in 12 Min. Der Bahnhof ist ab der Ankunftsebene ausgeschildert und in fünf Minuten Fußweg erreicht.

Die Stadt Málaga hat **zwei Bahnhöfe**, den zentralen Bahnhof María Zambrano, der aber etwas außerhalb des Zentrums liegt , und der für Stadtbesuche meist besser geeignete letzte Bahnhof dieser Linie „Centro-Alameda“. Ein Ticket kostet 1,80 €, die Bahn verkehrt etwa zwischen 7 und 23.30 Uhr, ab Málaga ab 5.23 Uhr.

Achtung: Bei der Rückfahrt vom Bahnhof Centro-Alameda aufpassen: Vom selben Gleis fahren zwei Linien der Cercanías ab. Nur die Linie C1 Richtung Fuengirola passiert auch den Flughafen, die Linie C2 nach Álora befährt eine andere Strecke!

Per Bus in die Stadt

Vom Flughafen fährt alle 30 Minuten ein Schnellbus der Linie „A Express“ in 15 Min. mit Halt am Hauptbahnhof und am Busterminal in die Stadt, Endstation ist der Paseo del Parque 24. Abfahrt am Flughafen: Terminal T3 Ankunftsbereich, Ebene *(planta)* Null. Der Bus verkehrt zwischen 7 Uhr und Mitternacht, ab Málaga Richtung Flughafen ab 6.25 Uhr. Ein Ticket kostet 3 €.

Per Taxi in die Stadt

Die Taxen warten am Ankunftsbereich, der Preis liegt je nach Entfernung bei einem festgelegten Minimum zwischen 17 und 19 Euro.

Vorseite: Frischer Anstrich für die Kirche jenseits der Puente de la Esperanza [A5]

Eine Bahn der Cercanías

082ma-mux

Per Zug

Der große Bahnhof **Estación María Zambrano** [A6] ist der Bahnhof für die Fernzüge und auch die Verbindung zum Caminito del Rey. Er liegt etwa 15 Minuten Fußweg außerhalb der City. Hier beginnen bzw. enden u.a. auch die Hochgeschwindigkeitszüge AVE von und nach Madrid, was auch eine Anreisemöglichkeit wäre: Nach Madrid fliegen und vom dortigen Bahnhof Atocha in weniger als 3 Stunden mit dem AVE nach Málaga fahren. Tickets können auch online über www.renfe.com erworben werden.

Außerdem fährt von hier auch die **Nahverkehrsbahn zum Wandergebiet Caminito del Rey** (s. S. 66).

Per Bus

Der große Busterminal liegt unmittelbar neben dem Bahnhof María Zambrano [A6], dort halten auch die internationalen Fernbusse. Infos zu den Bussen gibt es unter www.eurolines.de.

Autofahren

Parkplätze im Zentrum

Direkt in der Altstadt lässt sich praktisch nirgends parken, aber es gibt ein paar zentral gelegene, unterirdische Parkhäuser:

P84 [C5] **Parkhaus Central,** an der Plaza de la Marina

P85 [bk] **Parkhaus Avenida Andalucía 4,** gegenüber vom Groß-Kaufhaus El Corte Inglés (s. S. 93)

P86 [F4] **Parkplatz Cervantes,** direkt an der gleichnamigen Straße bei der Stierkampfarena

Abweichende Verkehrsregeln

- Es gilt ein **Überholverbot** 100 Meter vor Hügelkuppen und auf Straßen, die nicht mindestens 200 Meter weit zu überblicken sind.
- Auf beleuchteten Straßen, außer Autobahnen und Kraftfahrstraßen, darf man nur mit **Standlicht** fahren.
- An größeren Kreuzungen hat man auf Ampeln verzichtet und stattdessen einen geräumigen Kreisverkehr angelegt.
- **Bandas sonoras** bedeutet, dass zwei quer über die Straße gelegte Schwellen kommen. Wer hier nicht die Geschwindigkeit reduziert, kracht so richtig schön darüber.
- **Cambio de sentido** besagt, dass man hier die Richtung wechseln kann, also einen U-Turn, wie es so schön neudeutsch heißt, fahren darf. Es steht aber auch für „Abfahrt" mit anschließender Möglichkeit, die Fahrtrichtung zu wechseln.
- Ungewohnt ist auch dies: Speziell auf Überlandstraßen muss der **Linksabbieger** oftmals **zuerst nach rechts** auf eine besondere Spur schwenken, die einen Halbkreis beschreibt, und dann die eben verlassene Straße kreuzen. Dadurch werden Staus vermieden. Ähnlich verhält es sich an Stellen, an denen man sich in den Verkehr einfädeln will. Biegt man an einer Kreuzung nach links ab, befindet man sich manchmal noch nicht gleich auf der eigentlichen Straße, sondern erst auf einer Art **Einfädelungsspur,** die links neben der Straße verläuft. Ungewohnt, aber durchaus sinnvoll.
- Verboten ist in Spanien das **Abschleppen** durch Privatfahrzeuge.
- In etlichen kleineren Orten sind **flexible Ampeln** zu finden. Diese hängen unübersehbar gelb blinkend hoch oben über der Zufahrtsstraße. Rauscht nun ein Pkw

mit überhöhter Geschwindigkeit heran, springt die Ampel auf Rot. „50 km/h, a más velocidad semáforo cerrado", (50 km/h, bei schnellerer Geschwindigkeit springt Ampel um), so steht es dazu auf kleinen Schildern.

- In Spanien gilt die **0,5-Promille-Grenze.** Wer mit mehr Alkohol im Blut erwischt wird, muss mit bis zu 600 Euro Strafe rechnen.
- Eine ähnlich hohe Summe soll zahlen, wer fahrend mit einem **Handy** am Ohr erwischt wird. Erlaubt ist das Telefonieren am Steuer nur über eine Freisprechanlage.
- Auch die **Geschwindigkeit** wird immer stärker kontrolliert. Höchstgeschwindigkeiten: in Orten 50 km/h, auf Landstraßen mit zwei Fahrspuren 90 km/h, mit drei Fahrspuren 100 km/h, auf Autobahnen: 120 km/h.
- Bei einer Panne oder einem Unfall auf einer Autobahn oder Landstraße müssen Fahrer, die das Auto verlassen, eine **reflektierende Weste** anziehen, die in allen Autos vorhanden sein muss.
- In Spanien müssen in allen Autos **zwei Warndreiecke** mitgeführt werden. Zumindest gilt dies für in Spanien zugelassene Autos, also auch für Mietwagen. Für im Ausland zugelassene Autos gelten abweichende Regeln, wenn das jeweilige nationale Recht nur ein Warndreieck vorsieht.
- Beim **Parken** auf die farbigen Markierungen am Parkplatz oder am Straßenrand achten, die haben eine Bedeutung: Mit **blauen Linien** gekennzeichnete Parkplätze sind gebührenpflichtig. Also nicht einfach forsch rein in eine Parklücke und verschwinden, sondern erst einmal den Parkscheinautomaten suchen und ein Ticket ziehen. Bei **gelben Bordsteinmarkierungen** heißt es aufpassen, hier herrscht absolutes Parkverbot! Und bei **grünen Linien** ist der Parkplatz für Anwohner reserviert.

Barrierefreies Reisen

Ganz einfach ist ein Besuch in Málaga für Menschen mit einer Gehbehinderung nicht, aber er ist auch nicht unmöglich. Unbestritten hat sich in der Stadt bereits eine ganze Menge getan. Selbst durch die **Altstadt** können Rollstuhlfahrer heute fahren, unüberwindbare Treppen oder zu steile Straßen wird man kaum noch finden. Das Bewusstsein für Rollstuhlfahrer hat deutlich zugenommen und Spanier gehen generell ziemlich rücksichtsvoll mit Menschen um, die Hilfe benötigen.

Ähnlich verhält es sich mit modernen oder neu gestalteten **Museen.** Überall wurden Rampen verlegt, breite Fahrstühle eingebaut und ganz allgemein hat man auf barrierefreie Zugänge geachtet. Das gilt glücklicherweise für viele Einrichtungen wie Kirchen oder andere ältere Gebäude, aber leider noch nicht durchgängig für alle. Sogar die **Alcazaba** 11 kann von Rollstuhlfahrern zumindest teilweise besucht werden. Der steile Anstieg dürfte vom Haupteingang für die meisten nicht zu bewältigen sein, aber es gibt ja noch den Fahrstuhl, der direkt bis in die schönen ehemaligen Palasträume im hinteren Teil der Anlage hochfährt.

Auch die **öffentlichen Verkehrsmittel** können in den meisten Fällen genutzt werden. Beispielsweise hat eine große Zahl von Bussen Rampen, um Rollstuhlfahrern den Zugang zu ermöglichen. Auch die meisten Bars und Restaurants liegen ebenerdig, sodass Gehbehinderte hineinfahren können, und sowieso gibt es kaum ein Lokal in der Altstadt, das nicht eine Terrasse hätte – ideal für Rollstuhlfahrer.

Diplomatische Vertretungen

- •87 [bk] **Deutsches Konsulat,** c/ Mauricio Moro Pareto, 2.-5. Stock, Edificio Eurocomsur, Tel. 952363591, geöffnet: Mo.-Fr. 8.30-12 Uhr
- •88 [A6] **Österreichisches Honorarkonsulat,** Alameda de Colón 26, Tel. 646060972, geöffnet: Di., Do. 11-13 Uhr
- › **Botschaft der Schweiz,** c/ Núñez Balboa 35 A, 7. Stock, Madrid, Tel. 914363960, Mo.-Fr. 9-13 Uhr

Geldfragen

Spanien ist schon lange kein Billigreiseland mehr, in einer vielbesuchten Großstadt wie Málaga spürt man dies besonders. Generell sollte von dem zu Hause bekannten **Preisniveau** ausgegangen werden, wenn es auch im Einzelfall sicher immer wieder Schnäppchen gibt, beispielsweise auf Märkten, in vielen Bars oder in der Schlussverkaufszeit. Diese Saison liegt für ca. zwei Monate im Juli und August und erneut im Januar, Februar.

Es ist wichtig zu wissen, dass es in Spanien oft **drei Preise in einem Lokal** gibt. Am günstigsten ist es, sein Getränk oder seine Mahlzeit am Tresen zu verzehren. Schon wer sich an einen Tisch setzt, zahlt mehr, da man ja von einem Kellner bedient wird. Am teuersten ist der Platz draußen auf einer Terrasse.

Hotelpreise im Zentrum sind generell eine Spur höher als in den Randgebieten, dennoch sind Hotels in der Innenstadt vorzuziehen (s. S. 124).

Es ist gut zu wissen, dass viele Hotels in der heißesten Zeit im Juli und

EXTRATIPP

Málaga preiswert

Einige Sehenswürdigkeiten bieten an speziellen Tagen freien Eintritt:

- › **Museo Carmen Thyssen** 4: sonntags nach 17 Uhr freier Eintritt
- › **Kathedrale** 6: Mo.-Do. 9-10 Uhr freier Eintritt
- › **Museo Revello de Toro** 9: sonntags freier Eintritt
- › **Museo Picasso Málaga** 10: sonntags die letzten zwei Stunden freier Eintritt für alle Besucher
- › **Maurische Festung La Alcazaba** 11: am Sonntagnachmittag ab 14 Uhr freier Eintritt
- › **Picassos Geburtshaus – Museo Casa Natal de Picasso** 16: am Sonntag ab 16 Uhr freier Eintritt
- › **Museo Unicaja de Artes y Costumbres Populares** 18: Di. 13-17 Uhr freier Eintritt
- › **Centro de Arte Contemporáneo de Málaga** 22: generell freier Eintritt
- › **Museo de Málaga** 25: generell freier Eintritt
- › **Kunstmuseum Centre Pompidou** 29: So. ab 16 Uhr freier Eintritt
- › **Jardín Botánico** 34: am Sonntag ab 15.30 Uhr zwischen 1.4. und 10.9. freier Eintritt, genau wie ganztägig am Sonntag zwischen 1.10. und 31.3.
- › **Museo del Patrimonio Municipal** (s. S. 71): generell freier Eintritt

Wer in einem Lokal am **Tresen** speist, muss weniger bezahlen als an einem der Tische. Noch teurer kann es werden, wenn man auf der Terrasse im Freien sitzt. Generell sinken die Preise in vielen **Hotels** im heißen **Juli und August,** und zwar ziemlich kräftig! Man kann also sparen, wenn man zu dieser Zeit in der Stadt ist.

noch mehr im August die Zimmerpreise deutlich(!) senken. Zwar ist es dann wirklich sehr heiß in der Stadt, aber wer diese Temperaturen erträgt, spart auch in guten Hotels viel Geld.

Informationsquellen

Infostellen zu Hause

Mit allgemeinen Anfragen kann man sich an eines der **spanischen Fremdenverkehrsämter** wenden. Auch über deren Website www.tourspain.es und www.spain.info kann man sich informieren.

- **Deutschland:** Tel. 01803 002647, frankfurt@tourspain.es
- **Österreich:** Tel. 0810 242408, viena@tourspain.es
- **Schweiz:** Tel. 0442536050, zurich@tourspain.es

083ma-jg

Infostellen in der Stadt

89 [C4] **Touristeninformation (1),** Plaza de la Marina 11, Tel. 951926020, geöffnet: Mo.–Fr. 9–20, Sa./So. 9–15 Uhr. Zentral gelegene und gut mit Infomaterialien bestückte Touristeninformation an der weitläufigen Plaza de la Marina.

91 [B3] **Touristeninformation (2),** Plaza de la Constitución 7, Tel. 951308911, geöffnet: Mo.–Fr. 9–19.30, Sa./So. 9–15 Uhr. Betrieben von der andalusischen Regionalbehörde. Das Büro hilft auch bei Fragen zum Umland weiter.

Málaga im Internet

- **www.andalusien360.de** bietet eine Menge Informationen zu Andalusien, auch zu Málaga und seinen Sehenswürdigkeiten sowie einige praktische Tipps. Deutschsprachig.
- **www.malagaturismo.com:** offizielle Homepage der Touristeninformation von Málaga, viele Hintergründe und praktische Tipps. Deutschsprachig.
- **www.spain.info:** offizielle Homepage der spanischen Tourismusbehörde. Bietet viele Infos in kurzer und knapper Form. Mit Suchfunktion. Deutschsprachig.

Publikationen und Medien

- Die wöchentlich erscheinende **deutschsprachige Zeitung Costa del Sol Nachrichten** berichtet über Andalusien, insbesondere die „Sonnenküste“.

Hier werden alle Fragen beantwortet

› **Radio del Sol** sendet auf UKW 107,9 **in deutscher Sprache** zwischen 14 und 17 Uhr, der Sender ist auch über Internet zu hören: www.radiodelsol.es.
› Drei **spanische Zeitungen** berichten aus Málaga, **Diario Sur, Málaga Hoy** und **La Opinión de Málaga,** alle sind auch im Internet vertreten und bieten auch einen Veranstaltungskalender.

Smartphone-Apps

› **Málaga:** offizieller Audioguide der Stadt zu den wichtigsten Bauwerken (kostenlos für Android und iOS)
› **EMT:** Die offizielle App des städtischen Busunternehmens stellt alle Linien, Fahrpläne und mögliche Ziele vor (kostenlos für Android und iOS).

Internet

Die Zeit der reinen **Internetcafés** neigt sich dem Ende zu, seitdem die Leistungsstärke der Smartphones immer besser wird und die Roaminggebühren weggefallen sind. Mittlerweile gehört **WLAN** in den allermeisten **Hotels** zum Standard, in den gastronomischen Betrieben ist es längst noch nicht so sehr verbreitet. Vor allem in den klassischen Bars und Tapa-Bars existiert es eher nicht, denn die Wirte sind auf häufig wechselnde Kundschaft eingestellt und eher nicht auf Leute, „die stundenlang auf ihren Geräten herumwischen“ (Zitat eines Wirts). Man findet aber durchaus Cafés mit dem Hinweisschild „Aquí hay WiFi“ (Hier gibt's WiFi). An der **Plaza de la Marina** ㉓ gibt es bei der Touristeninformation (s. S. 116) eine **WLAN-Zone** (blauer Sendemast).

@92 [C2] **Cyber Plaza,** c/ Gómez Pallete 3, Tel. 952219309, geöffnet: Mo.–Sa. 9–15 und 17–22 Uhr

084ma-mux

Der letzte kleine Zeitungsladen an der calle Marqués de Larios ❶

Meine Literaturtipps

› *Georg Bossong: **„Das maurische Spanien“**. Bossong, Professor für romanische Philologie, gibt einen gut zu lesenden Überblick mit vielen Informationen zur 800-jährigen islamischen Geschichte und Kultur in Spanien.*
› *Hans-Jürgen Fründt: **„CityTrip Granada, Sevilla, Córdoba“**. Der ideale Begleiter für einen Städtetrip durch Andalusien stellt diese drei Städte ausführlich vor und liefert viele spannende Tipps, die beim Entdecken der Städte weiterhelfen.*
› *Brigitte Leal: **„Pablo Picasso (1881–1973): Meisterwerke“**. Guter Band für „Picasso-Einsteiger“, der den berühmtesten Sohn der Stadt vorstellt.*

Medizinische Versorgung

Die gesetzlichen Krankenkassen haben Abkommen mit Spanien geschlossen, dank denen eine **(Not-)Behandlung im Ausland** möglich ist. Dazu benötigt der Patient die **Europäische Krankenversicherungskarte**, die man von der eigenen Krankenkasse erhält bzw. die meist hinten auf der Gesundheitskarte aufgedruckt ist. Im Krankheitsfall besteht grundsätzlich ein Anspruch auf eine ambulante und sogar stationäre Behandlung in den **staatlichen Krankenhäusern** oder beim zugelassenen Arzt der **Seguridad Social**, des staatlichen Gesundheitsinstituts. Es kann aber sein, dass bestimmte Leistungen nach spanischem Recht **nicht kostenlos** erbracht werden. Dafür muss dann sofort bezahlt werden. Dazu zählt auch die **zahnärztliche Behandlung**, die nicht in der spanischen Krankenversicherung enthalten ist. Reicht man nach Rückkehr die Rechnung zu Hause bei seiner Krankenversicherung ein, bekommt man die Kosten anteilig erstattet.

Da es im Krankheitsfall durchaus zu finanziellen Überraschungen kommen kann, wird zusätzlich dringend der Abschluss einer **Auslandsreisekrankenversicherung** angeraten.

Im Krankheitsfall kann man sich nur an bestimmte **medizinische Einrichtungen** wenden: ein *ambulatorio* (Ambulanz), ein *centro de salud* (Gesundheitszentrum) oder auch einige ausgewählte *hospitales* (Krankenhäuser). Auf der Website des deutschen Konsulats (www.spanien.diplo.de/Vertretung/spanien/de/04-malaga/0-malaga.html) findet sich eine monatlich aktualisierte **Liste deutschsprachiger Ärzte.**

- **93** [C3] **Apotheke (Farmacia) María Martínez Aragón,** Plaza de la Merced 9, Tel. 952227784, geöffnet: Mo.–Sa. 9.30–22 Uhr
- **94** [B5] **Apotheke (Farmacia) Caffarena,** Alameda Principal 2, Tel. 952212858, tägl. rund um die Uhr geöffnet
- **95** [B3] **Apotheke (Farmacia) Utrera,** Plaza de la Constitución 8, Tel. 952211692, geöffnet: tägl. 9.30–22 Uhr
- **96 Hospital Universitario Virgen de la Victoria,** Campus de Teatinos, s/n, Tel. 951032000. Die Information am Haupteingang ist Mo.–Fr. von 8 bis 21 Uhr besetzt. Für Notfälle ist der Empfang in der ersten Etage von 21 bis 8 Uhr besetzt, am Wochenende ist er es 24 Stunden.

Mit Kindern unterwegs

Málaga kann anstrengend sein, für Kinder allemal. Ein paar kurze Erholungsphasen zwischendurch wären dann auch für die Eltern erfrischend, hier ein paar Tipps:

- In kaum einer anderen Stadt wird der Strand so schnell erreicht wie in Málaga. Vor allem die **Playa de Malagueta** 35 liegt nur wenige Schritte hinter der Stierkampfarena 26, dort kann man die lieben Kleinen erstmal eine Runde im Sand buddeln lassen.
- **Fahrt mit einer Kutsche:** Am Paseo del Parque 24 warten Kutscher mit Pferd und Wagen auf Kundschaft, um eine gemütliche Runde zu drehen, die Altstadt wird dabei allerdings nicht befahren (Kosten: 30 € für 45 Minuten).
- Einmal **Riesenrad** fahren. Direkt am Hafen unweit der Plaza de la Marina 23 dreht dieses wahrlich riesige (70 m am höchsten Punkt) Riesenrad gemächlich seine Runden. Die Tour dauert ungefähr

15 Min. und man genießt einen fabelhaften Blick über die Stadt (Tickets: Erw. 8 €, Kinder 6 €, unter 80 cm Körpergröße kostenlos).

› Das kleine **Meeresmuseum Aula del Mar** 28 steht an der Flaniermeile Muelle Dos 27 und zeigt in mehreren Aquarien Fische und Schildkröten, außerdem gibt es ein paar Mitmachstationen, u. a. können kleine und große Kapitäne mal einen Ozeanriesen steuern.

› **Höhlen von Nerja** 39: Sicherlich, die Anreise dauert schon etwas, mit dem Bus gute 1½ Stunden. Aber ist man endlich in diese riesige Tropfsteinhöhle eingetaucht, kann man sich staunend darin verlieren. Was gibt es nicht alles zu sehen und welche unglaublichen Gebilde lassen sich nicht erkennen, da galoppiert die Fantasie …

Notfälle

› **Touristische Hilfe, Rettungsdienst, Ambulanz, allgemeine Notfälle:** Tel. 112

› **Policía Local:** Tel. 092

› **Policía Nacional:** Tel. 091

› **Guardia Civil:** Tel. 062

Kartensperrung

Bei **Verlust der Debit-(EC-), Kredit- oder SIM-Karte** gibt es für Kartensperrungen eine **deutsche Zentralnummer** (unbedingt vor der Reise klären, ob die eigene Bank bzw. der jeweilige Mobilfunkanbieter diesem Notrufsystem angeschlossen ist). **Aber Achtung:** Mit der telefonischen Sperrung sind die Bezahlkarten zwar für die Bezahlung/Geldabhebung mit der PIN gesperrt, nicht jedoch für das **Lastschriftverfahren mit Unterschrift.** Man sollte daher auf jeden Fall den Verlust zusätzlich **bei der Polizei zur Anzeige bringen,** um gegebenenfalls auftretende Ansprüche zurückweisen zu können.

In **Österreich** und der **Schweiz** gibt es keine zentrale Sperrnummer, daher sollten sich Besitzer von in diesen Ländern ausgestellten Debit-(EC-) oder Kreditkarten vor der Abreise bei ihrem Kreditinstitut über den zuständigen Sperrnotruf informieren.

Kinder fühlen sich an der Playa Malagueta 35 wohl

Generell sollte man sich immer die **wichtigsten Daten** wie Kartennummer und Ausstellungsdatum **separat notieren**, da diese unter Umständen abgefragt werden.

- **Deutscher Sperrnotruf:** Tel. +49 116116 oder Tel. +49 3040504050
- **Weitere Infos:** www.kartensicherheit.de, www.sperr-notruf.de

Öffnungszeiten

Es gibt keine festen Ladenschlusszeiten, aber durchaus eine generelle Linie:

- **Läden und Geschäfte** öffnen meist um 9 oder 10 Uhr, ab 14 Uhr beginnt aber immer die Mittagspause, dann werden sie geschlossen. Ab 16 oder 17 Uhr öffnen sie erneut bis etwa 20 oder gar bis 21 Uhr. Ausnahmen bilden die großen Kaufhäuser und Einkaufszentren, die durchgehend geöffnet sind.
- **Banken** haben ab 8.30 oder 9 Uhr bis meist 14 Uhr geöffnet, danach nicht mehr, einige Banken öffnen auch am Samstagvormittag.
- **Museen** sind oft montags und am Sonntagnachmittag geschlossen, allerdings mit Ausnahmen. Manche haben durchgängig ab 9 oder 10 Uhr geöffnet, aber nicht wenige schließen auch über Mittag.

KURZ & KNAPP

Kürzel der Wochentage

Öffnungszeiten sind manchmal im Schaufenster der Geschäfte mit den abgekürzten Wochentagen angegeben:

L: *(lunes)* Montag
M: *(martes)* Dienstag
X: *(miércoles)* Mittwoch
J: *(jueves)* Donnerstag
V: *(viernes)* Freitag
S: *(sábado)* Samstag
D: *(domingo)* Sonntag

- **Kirchen:** Die Kirchen sollten eigentlich den ganzen Tag über geöffnet sein, was aber nur in der Theorie zutrifft. Zu den Gottesdiensten kann jeder Besucher hinein, muss sich aber natürlich diskret verhalten und sollte nicht „wie ein Tourist“ herumlaufen. Wer die Kathedrale 6 besichtigen will, muss Eintritt zahlen, aber nicht am Sonntag, zumindest nicht kurz vor der Messe.

Post

Briefmarken gibt es nicht nur auf der **Hauptpost**, sondern auch in Tabakläden, die schnell übersehen werden können, da sie meist sehr klein sind. Erkennbar sind sie an einem rötlich gehaltenen Schild mit dem Buchstaben T *(tabaco)*, außerdem bekommt man Briefmarken auch an einigen Kiosken, die viele Postkarten verkaufen, dies ist aber eher die Ausnahme.

Eine **Briefmarke** für eine **Postkarte** nach Deutschland kostet 1,35 €.

Briefkästen sind in der Regel gelb und sehen ein wenig aus wie eine mittelgroße Tonne. Sie haben nicht selten zwei Einwurfschlitze, einen eigenen für Auslandssendungen *(extranjero)*.

✉**97** [B3] **Post Correos**, c/ Santa Lucía 7, geöffnet: Mo.–Fr. 8.30–20.30, Sa. 9.30–13 Uhr

Radfahren

Radfahren wird in Málaga immer beliebter, es gibt mittlerweile schon einige **Radwege** (vor noch gar nicht so langer Zeit völlig undenkbar!) und dass diese Radwege auch von Autofahrern respektiert werden, ist ebenfalls neu. In Málaga klappt es schon ziemlich gut und es sind auch genü-

086ma-jg

gend Menschen per Rad unterwegs. Gut, zumeist sind es schon noch jüngere und Ausländer. Einen stolzen andalusischen *Caballero* wird man wohl schwerlich per Mountainbike ins Büro radeln sehen. Und eine *Señora* fährt nun wirklich nicht mit Tüten und Taschen am Lenker zum Markt. Aber es ändert sich tatsächlich so einiges.

Málaga hat auch ein gut funktionierendes **Ausleihsystem** namens **málagabici**, was sich aber in erster Linie an die Bewohner der Stadt richtet. Es gibt aber auch mehrere Anbieter von Leihrädern für einen oder mehrere Tage. Das lohnt sich, wenn man Ausflüge machen will, denn man kann per Rad ganz prima auch entlang der Küste zu den etwas außerhalb liegenden Stränden Pedregalejo 37 und El Palo radeln.

S98 [B5] **Bike Tours Málaga,** c/ Vendeja 8, Tel. 650677063, geöffnet: tägl. 10–19 Uhr. Gute Leihräder, auch geführte Rad-Touren durch Málaga, u. a. eine „Wine and Tapas-Tour".

S99 [B5] **Urban Bicycles,** c/ Vendeja 8, Tel. 951003812, www.urbanbicycles.es, geöffnet: Laden tägl. 10–20 Uhr. Verleiht Räder und bietet geführte Touren an, die täglich um 10.30 und 16.30 Uhr stattfinden.

S100 [A6] **Prima Rent a Car and Bike,** c/ Alemania 3, Tel. 952310975, www.rentacarprima.com. Vermietet neben Autos auch Räder. Hat mehrere Büros, auch am Flughafen und im Stadtteil Soho.

Sicherheit

Ist Málaga eine unsichere Stadt? Klare Antwort: nein! Aber dennoch sollte jeder Besucher die elementarsten Grundregeln beachten. Málaga zieht sehr viele Besucher an und das wiederum lockt auch Gauner in die Stadt. Deswegen sollte niemand zu lässig mit seinen **Wertsachen** umgehen. In der engen Altstadt, einer Warteschlange, einer gesteckt vollen Tapa-Bar, überall könnte ein geschickter Dieb auf seine Chance lauern. Und leider sind ja auch genügend Touristen leichtsinnig. Unter der heißen Sonne und nach ein, zwei Gläsern Wein lässt schnell mal die Aufmerksamkeit nach, deshalb hier ein paar Verhaltenstipps:

- **Taschen sichern:** Fotoapparate und Taschen nicht einfach lässig über die Schulter hängen
- **Geldbörse:** die Geldbörse nicht in die Gesäßtasche stecken
- **Zimmersafe:** Falls es im Hotel einen Zimmersafe gibt, diesen nutzen und die wichtigsten Wertsachen dort einschließen. Benötigen Sie den Pass? Die Kreditkarte? Falls nicht, im Safe einschließen.

Fahrräder des Ausleihsystems málagabici

Infos für LGBT+

Lokale für die LGBT-Szene finden sich vor allem konzentriert bei der Plaza de la Merced ⓯ *im Zentrum von Málaga oder auch in einer der schmalen Seitenstraßen der calle Granada, die ebenfalls im Zentrum liegt, unweit der Plaza de la Constitución. Außerdem befindet sich mit* ***Torremolinos*** *einer der größten Ferienorte der Costa del Sol gerade einmal 20 Min. Auto- oder Zugfahrt von Málaga entfernt, wo es ein breites Angebot für LGBT gibt.*

- **101** *[B3]* ***Theatro Club*** *€€, c/ Lazcano 5, Tel. 670098749, geöffnet: tägl. 22–6 Uhr. Beliebter Klub, gelegentlich mit Konzerten, auch Jazz-Abende.*
- **102** *[C2]* ***Peter Pan*** *€€, c/ Gómez Pallete, Tel. 659843041, geöffnet: Do.–Sa. 23–3 Uhr. Tanzbar, auch mit gemischtem Publikum.*
- **103** *[D3]* ***El Carmen*** *€€, Plaza de la Merced 21, Tel. 952210924, geöffnet: tägl. 9–2 Uhr. Sehr beliebte Terrassenbar, Treff zum Frühstück oder Essen und zum frühen Drink. Kein reines Gay-Lokal, aber beliebt in der Szene*
- **104** *[D2]* ***Café de Bruselas*** *€€, Plaza de la Merced 16, Tel. 952603948, geöffnet: tägl. 9–2 Uhr. Nett im Art-decó-Stil eingerichtet, Treff der Szene schon zum Frühstück und zum Essen, auch zum frühen Abenddrink.*

- **Nelken- oder Jasminverschenkerin:** Falls Sie mal von einer Gruppe Frauen bedrängt werden, die eine Nelke oder Jasmin verschenken oder aus der Hand lesen wollen, sofort umdrehen und kommentarlos weggehen. Nicht drauf eingehen, die Damen wollen nur wissen, wo Ihre Börse steckt.
- **SATE (Polizei für Touristen),** Plaza de la Marina 11, im Gebäude der Touristeninformation (s. S. 116)

Sprache

Das in Málaga gesprochene **Spanisch** ist nicht ganz einfach zu verstehen. Die Andalusier haben einen sehr eigenen **Dialekt** entwickelt, der selbst für Menschen, die gut Spanisch beherrschen, mitunter etwas schwer zu verstehen ist. Vor allem werden Endungen gerne verschluckt und die Aussprache hört sich leicht gelispelt an. Zumindest untereinander sprechen sie so, mit Fremden geben sich Malagueños erfahrungsgemäß etwas mehr Mühe und versuchen so eine Art „Hochspanisch“ zu sprechen.

Auf jeden Fall sind sie immer hocherfreut, wenn ein Besucher sich auf Spanisch versucht und werden höflich-aufmerksam zuhören und auch verständlich antworten. **Englische Sprachkenntnisse** können meist nicht erwartet werden. Natürlich sprechen Hotelangestellte Englisch, ebenso alle Menschen, die mit Touristen beruflich in Kontakt kommen, aber die Kellner in einer Tapa-Bar eher nicht. Im Anhang dieses Buches sind einige Sprachbeispiele und Redewendungen angegeben, mit denen man einige erste Versuche starten kann. Als **praktische Sprachführer** für die Reise eignen sich besonders die Bände der Kauderwelsch-Reihe „Spanisch für Andalusien – Wort für Wort“, „Spanisch Slang“ und „Spanisch kulinarisch“ aus dem Reise Know-How Verlag zu denen es auch passende AusspracheTrainer auf Audio-CD und als Download unter www.reise-know-how.de gibt.

Stadttouren

Es gibt verschiedene Möglichkeiten, Málaga zu entdecken, nicht nur zu Fuß, sondern auch per Rad, Segway, Bus oder vom Wasser aus. Hier eine Auswahl:

- **City Sightseeing Tour** mit dem roten Doppeldeckerbus (Ticket: 18 €, Kinder 5–15 Jahre 10 €, https://city-sightseeing.com), der zu den wichtigsten Sehenswürdigkeiten der Stadt fährt. Bei der Hop-on/hop-off-Bustour können Gäste an jedem der 14 Haltepunkte aussteigen und nach Besichtigung im nächsten Bus wieder einsteigen. Es gibt zusätzlich noch eine weitere, die fünf Stationen außerhalb des Zentrums ansteuert. Frequenz: halbstündlich zwischen 9.30–19 Uhr mit Stopp u. a. an der Plaza de la Marina 23 und am Paseo del Parque 24.
- **Segway Málaga Tours,** c/ Trinidad Grund 8, Tel. 630152978, www.segwaymalagatours.com. Bietet ein- bis zweistündige Touren mit den Stehrollern durch Málaga an, darunter auch eine spezielle Tour für Kinder.
- **Fahrradtouren:** Bike Tours Málaga und Urban Bicycles (beide s. S. 121) verleihen nicht nur Räder, sondern bieten auch geführte Radtouren an.
- **Explora Málaga** (Tel. 611454404, https://freetour.com) bietet geführte Touren zu Fuß durch Málaga an, darunter eine „Free Tour Málaga", bei der die Besucher eine freiwillige Spende geben, aber auch eine Tapas-Tour zum festen Preis (45 €, tägl. 13 und 20 Uhr). Treff: Plaza de la Constitución 3 um 11 Uhr, Dauer: 2½ Stunden (auf den blauen Regenschirm achten).
- Das **Ausflugsschiff Pelegrín** (Tel. 687474921, www.barcosdemalaga.es) unternimmt eine einstündige Fahrt durch die Bucht von Málaga, bei der man die Stadt mal aus einem ganz anderen Blickwinkel betrachten kann. Ständige Abfahrten zwischen 11 und 21 Uhr, Tickets: 10 €, Kinder (4–10 Jahre) 5 €, Abfahrt: Muelle Uno, etwa in Höhe Museum Centre Pompidou 29.
- **Mundomarino** (www.mundomarino.es) bietet So.–Fr. um 14 und 16 Uhr eine **Tour mit einem Katamaran-Segelschiff** durch die Bucht von Málaga an (Tickets: 10 €, Kinder 4–10 Jahre 6 €). Die Firma hat noch weitere Schiffstouren im Angebot, z. B. eine mit einem Bade-Stopp (12 und 17.30 Uhr) oder eine Ausfahrt zum Sonnenuntergang (20 Uhr). Abfahrt ist an der Muelle Uno in Höhe des Museum Centre Pompidou 29.

Hafenrundfahrt in Málaga

087ma-mux

Telefonieren

In Spanien wurden die Vorwahlen vor Jahren in die jeweilige Anschlussnummer integriert. Seitdem sind alle spanischen Telefonnummern neunstellig. Eine spezielle **Vorwahl gibt es nicht** mehr. Die **neunstellige Nummer** muss immer vollständig gewählt werden, auch bei Ortsgesprächen. Spanische Festnetznummern beginnen mit einer 9, Handynummern mit einer 6.

Telefonvorwahlen

- **Deutschland:** 0049
- **Österreich:** 0043
- **Schweiz:** 0041
- **Spanien:** 0034 (dann die neunstellige Teilnehmernummer)

Roaming im EU-Ausland

Seit Mitte 2017 gibt es in der EU keine Roaminggebühren mehr. Damit wird das Telefonieren und Surfen mit dem Handy im EU-Ausland so günstig wie zu Hause – es sei denn, man nutzt das Handy im Ausland über einen längeren Zeitraum hinweg, dann können je nach Anbieter Nutzungsobergrenzen gelten.

Unterkunft

Hotels

Wer Málaga besucht, sollte sich gleich ein **Hotel im Zentrum** gönnen. Es gehört einfach dazu, abends mal durch die Bars zu ziehen, durch die Altstadt zu stromern oder ganz einfach die etwas mildere Nachtluft in einem Terrassenlokal zu genießen. Und genau das macht man eher nicht, wenn man weit entfernt wohnt. Die Preise im Zentrum schwanken, ein Doppelzimmer unter 100 € kann man finden, aber nicht unbedingt bekommen, da diese Häuser natürlich sehr beliebt sind.

Generell sinken die Preise in vielen Hotels im heißen **Juli und August**, und zwar ziemlich kräftig!

Hotels werden in fünf **Kategorien** aufgeteilt und mit Sternen versehen. Die Vergabe erfolgt nach strengen Regeln, u. a. wird die Größe und die Ausstattung der Zimmer bewertet und auch, ob die Rezeption 24 Stunden besetzt ist oder nur tagsüber. Unterhalb der Hotelebene existiert die einfachere Unterkunftsform der **Hostales.** Auch diese werden mit einem bis drei Sternen bewertet. Die Übergänge zwischen einem 3-Sterne- Hostal und einem 1-Sterne-Hotel sind sicher fließend. Generell geht es in einem Hostal familiärer zu, man muss sich gelegentlich das Bad mit anderen Gästen teilen und es gibt mitunter auch Mehrbettzimmer. Das ist aber nicht die Regel.

Wer an der Rezeption nach einem **Doppelzimmer** fragt, bekommt oft als Gegenfrage: *„¿dos camas?"* („zwei Betten?"). Wer das verneint, erhält dann eine sogenannte *cama matrimonial,* also ein „Ehebett", worunter ein etwas schmaleres Bett gemeint ist, etwa das, was manche als „französisches Bett" kennen.

106 [C4] **Hotel Carlos V** €€€, c/ Císter 10, Tel. 952215120, www.hotel-carlosvmalaga.com, WLAN. **Einfaches Stadthotel in absolut zentraler Lage:** Kleines Haus mitten in der Altstadt sehr nahe der Kathedrale und der Alcazaba. Die Zimmer sind einfach, aber ausreichend ausgestattet. Kein Frühstück, aber es gibt in der Nähe genügend Lokale. Ausblick zum Innenhof, daher recht ruhig. Parkplatz nach Vorbestellung.

107 [C4] **Hotel Don Curro** €€€, c/ Sancha de Lara 9, Tel. 952227200, www.hoteldoncurro.com, WLAN. **Grundsolides Haus in zentraler Lage:** mitten im Zentrum an einer Fußgängerzone nahe der Kathedrale gelegen. Insgesamt 118 Zimmer, die unspektakulär eingerichtet sind, u. a. mit Parkettfußboden. Neben EZ und DZ gibt es auch Zimmer für drei und sogar vier Personen. Anfahrt per Auto etwas schwierig.

108 [A6] **Hotel Guadalmedina** €€€, Pasillo del Matadero 16, Tel. 952365146, www.hotelguadalmedina.es, WLAN. **Unspektakuläres Haus direkt neben der Bahnstation:** Von außen wirkt das 60-Zimmer-Haus ein wenig kastenmäßig. Die recht großen Zimmer sind funktional und mit allem Notwendigen eingerichtet. Das Haus steht ca. 10–15 Fußminuten vom Zentrum entfernt beim Fluss und ist besonders für Gäste ideal, die früh am Flughafen sein müssen, da direkt nebenan der unterirdische Bahnhof „Málaga Centro Alameda" liegt, von dem die Züge zum Airport fahren.

109 [A3] **Hotel Ibis Málaga Centro** €€, c/ Cerrojo 1, Tel. 952070741, www.ibis.com, WLAN. **Funktional-zweckmäßige Hotelkette:** Die Zimmer sind zwar etwas minimalistisch eingerichtet, haben aber alles, was man so braucht: gute Betten, TV, Ablagefläche, schmales, aber gutes Bad. Die Zimmer sind genormt und in allen Ibis-Hotels gleich, wer also ein Haus kennt, weiß, was einen hier erwartet. Unten gibt es eine Bar und den Frühstücksraum. Das Hotel steht am Fluss, einmal über die Brücke wird die Altstadt erreicht.

110 [bk] **Hotel Ilunion Málaga** €€€, Paseo Marítimo Antonio Machado 10, Tel. 952046000, www.ilunionhotels.de, WLAN. **Modernes Businesshotel:** Das Hotel liegt etwas außerhalb des Zentrums (ca. 15–20 Min. Fußweg), aber nicht sehr weit vom Bahnhof (s. S. 112) entfernt (kaum 5 Gehminuten), wo auch der Zug zum/vom Flughafen hält. Ein großes, modern gestaltetes Gebäude mit 179 großzügigen Zimmern, viele mit Meerblick. Gutes und reichhaltiges Frühstück, außerdem Sportbereich, Pool und eine Bar. Insgesamt mit einer guten und zweckmäßigen Ausstattung. Zum Meer sind es nur wenige Schritte, aber in diesem Abschnitt ist es wegen der Hafenanlagen zum Schwimmen eher unattraktiv, dennoch nett zum Spazierengehen.

111 [C4] **Hotel Molina Lario** €€€€, c/ Molina Lario 22, Tel. 952062002, www.hotelmolinalario.com, WLAN. **Zentral gelegenes Hotel mit toller Dachterrassenbar:** Schickes Haus in sehr zentraler

Preiskategorien

Die Preiskategorien gelten für ein Doppelzimmer ohne Frühstück.

€	bis 50 €
€€	50–70 €
€€€	70–100 €
€€€€	über 100 €

Buchungsportale

Neben Buchungsportalen für Hotels (z. B. www.booking.com, www.hrs.de oder www.trivago.de) bzw. für Hostels (z. B. www.hostelworld.de oder www.hostelbookers.de) gibt es auch Anbieter, bei denen man Privatunterkünfte buchen kann. Portale wie www.airbnb.de, www.wimdu.de oder www.9flats.com vermitteln Wohnungen, Zimmer oder auch nur einen Schlafplatz auf einer Couch. Diese oft recht günstigen Übernachtungsmöglichkeiten sind nicht unumstritten, weil manchmal normale Wohnungen gewerblich missbraucht werden. Einige Städte greifen deshalb regulierend ein.

Lage unweit der Kathedrale in einer Fußgängerzone. Anfahrt per Auto nicht ganz einfach, wird aber auf der Hotel-Homepage gut beschrieben. Die Zimmer sind schick und modern eingerichtet, man kann sich auf den Zimmern Tee zubereiten. Das Frühstücksangebot ist reichhaltig. Es gibt einen Innenhof mit Café und oben auf dem Dach in der achten Etage eine Bar („piscina Lounge"), die ab 17 Uhr, von Juni bis September ab 12.30 Uhr, geöffnet ist.

112 [bk] **Jugendherberge** €, Plaza Pio XII, 6, Tel. 955181181, www.inturjoven.com. **Preiswerteste Bleibe:** Die Jugendherberge ist etwa 3 km außerhalb des Zentrums in einem großen, hellen Gebäude untergebracht und um einen Innenhof angelegt. Die Zimmer sind zumeist für 4 Personen ausgelegt, es gibt auch EZ, DZ. Alle Zimmer mit eigenem Bad.

094ma-mux

113 [A5] **Hotel NH Málaga,** €€€, c/ San Jacinto 2, Tel. 952071323, www.nh-hotels.de, WLAN. **Modernes Haus beim Fluss nahe der Altstadt:** großes Businesshotel in guter Lage. Das Haus und auch die Zimmer sind elegant und modern gestaltet, die Fenster sind schalldicht. Die Zimmer sind ausreichend groß, von allen Räumen blickt man nach draußen (kein Innenhof), zum einen auf den, hier allerdings ausgetrockneten, Fluss, zum anderen auf ein Wohngebiet auf der anderen Seite. Bahnstation zum/vom Flughafen keine 10 Gehminuten entfernt. Es gibt eine Bar, zwei Terrassen und ein Restaurant.

114 [C3] **Hotel Palacete de Álamos** €€€, c/ Álamos 20, Tel. 952215410, http://palacetedealamos.com, WLAN. **Klein, aber fein mitten in der Altstadt:** nur 200 m vom Picasso Museum entfernt. Einige der gut eingerichteten Zimmer haben zusätzlich eine Sitzecke. Insgesamt genügend Platz im Zimmer, das Bad ist ebenfalls geräumig. Charmanter Frühstücksraum mit guter Auswahl.

115 [B4] **Hotel Petit Palace Plaza Málaga** €€€€, c/ Nicasio 3, http://de.petitpalaceplazamalaga.com, Tel. 952222132, WLAN. **Zentrale Lage mit Familienzimmer:** Liegt relativ ruhig im Zentrum keine 20 Meter neben der Haupteinkaufsstraße calle Marqués de Larios. Gehört zur spanienweiten Kette der High-Tec-Hotels und bietet neben WLAN auch einen Laptop auf den Zimmern. Es gibt unterschiedlich große Zimmer, sogar ein Fünfbettzimmer, modern möbliert ohne überflüssige, störende Details mit genügend Ablageflächen. Gutes Frühstücksbüffet.

Eingang des Hotel Petit Palace Plaza Málaga

116 [B4] **Hotel Room Mate Larios** €€€, c/ Marqués de Larios 2, Tel. 952222200, https://room-matehotels.com/de/larios, WLAN. **Art-déco-Hotel in Fußgängerzone:** Beste Lage mitten in der Haupteinkaufsstraße von Málaga ❶ und damit praktisch auch in der Altstadt. Insgesamt 41 Zimmer in unterschiedlichen Größen, alle im Art-déco-Stil eingerichtet, einige Zimmer mit Balkon zur Fußgängerzone. Oben gibt es eine Dachterrasse mit Bar und sagenhaftem Ausblick. Reichhaltiges Frühstücksbüffet bis 12 Uhr.

117 [C5] **Hotel Room Mate Valeria** €€€€, Plaza Poeta Alfonso Canales 5, Tel. 952060401, https://room-matehotes.com, WLAN. **Designhotel mit Dachbar in zentralster Lage:** Ein Designhotel der Kette Room Mate, die sich um eine sehr familiäre Atmosphäre bemüht. Das Hotel steht nahe der zentralen Plaza Marina [C4] und ist modern eingerichtet. Es heißt, die Innenarchitekten ließen sich von der Málaga umgebenden Natur (Berge, Meer) inspirieren. Die Zimmer sind je nach Wahl etwas kleiner (Basic) oder räumlich größer (Junior-Suite mit Sofa- und Sesselecke), optisch dominierend sind die breiten Streifen der Tapeten. Frühstück wird bis 12 Uhr im Untergeschoss serviert, oben gibt es eine Terrassenbar mit einem kleinen Pool.

118 [A4] **Hotel Vincci Posada del Patio** €€€€, Pasillo de Santa Isabel 7, Tel. 951001020, www.vincciposadadelpatio.com, WLAN. **Designhotel mit moderner Ausstattung an der alten Stadtmauer:** Das Hotel befindet sich am Fluss und am Rande der Altstadt und grenzt an die alte Stadtmauer, es bietet 106 Zimmer, was man von außen zunächst so gar nicht wahrnimmt. Die Zimmer sind modern eingerichtet und unterschiedlich groß, entsprechend haben sie unterschiedliche Preise. Auf der Dachterrasse gibt es einen Pool, nebenan befindet sich ein Jazzklub und unten ist die Wall Bar untergebracht. Gutes Frühstücksbüffet. Das Haus grenzt direkt an die alte Stadtmauer, welche man sogar innerhalb des Hotels bestaunen kann.

119 [F3] **Parador Málaga Gibralfaro** €€€€, Castillo de Gibralfaro, Tel. 952221902, www.parador.es, WLAN. **Unschlagbare Lage hoch oberhalb der Stadt in historisch anmutendem Haus:** sagenhafter Blick über die Bucht von Málaga, besonders am Abend. Die Gebäude sind im Baustil ein wenig an die benachbarte Festung Gibralfaro ⓬ angelehnt und von Pinien umgeben. Angenehme Terrasse, große und gut eingerichtete Zimmer, die alles Notwendige bieten und zugleich doch ein wenig Understatement andeuten. Reichhaltiges Frühstücksbüffet. Es gibt einen kostenlosen Parkplatz und einen Pool. Wer möchte, geht einen steilen Fußweg vom Berg hinunter in die City oder fährt per Bus (hält vor der Tür) die gewundene Zufahrtsstraße hinunter zum Paseo del Parque ㉔.

Verhaltenstipps

Warum nicht mal so?

- Warum nicht einmal ein paar Brocken **Spanisch** sprechen? Alle werden begeistert sein.
- **Bequeme Schuhe** mitnehmen! Gerne auch leichte Sportschuhe, aber diese eher nicht abends im guten Restaurant anziehen. Da darf es dann doch etwas formeller sein.
- Im Hotel einen **Zimmersafe** mieten und dort alle Wertsachen sicher deponieren.
- Die Hitze, den Verkehrslärm, die teilweise Hektik unterschätzen viele. Gönnen Sie sich zwischendurch eine **Ruhepause,** beispielsweise am Paseo del Parque ㉔ oder am Strand Malagueta ㉟.

- In einer Bar **am Tresen** sein Bierchen zischen oder Wein trinken. Auch Tapas verzehrt man am Tresen stehend. Wer sich hinsetzt, zahlt mehr und draußen auf der Terrasse noch etwas mehr.
- **Olivenkerne, Servietten** und **Zahnstocher auf den Fußboden** vor dem Tresen **werfen.** Das kostet zunächst Überwindung, wird aber in einigen Bars noch gepflegt, allerdings längst nicht mehr in allen. Vorher also mal schauen, was die anderen machen.
- **Kathedrale** 6 und **Picasso-Museum** 10 sind immer sehr voll. Wenn möglich, ganz **früh** kommen.
- Die **Alcazaba** 11 zu besichtigen, ist durchaus etwas anstrengend, denn man steigt einen ziemlich rustikalen Weg stetig „bergan". Besser auch hier **früh kommen** und nicht erst, wenn die Sonne schon brennt.

So besser nicht!

- Nicht die **Siestazeit** ignorieren. Viele Geschäfte sind geschlossen, auch so manche Sehenswürdigkeit. Besser die drei Stunden selbst zum Verschnaufen im Hotel oder für ein längeres Mittagessen nutzen.
- **Kein Auto mieten.** Man benötigt es im Zentrum sowieso nicht, da alles recht nah beieinander liegt.
- Keinen **Geldautomaten** an einer belebten Straße nutzen. Besser in den Vorraum einer Bank gehen und dort Geld ziehen. Die Türen öffnen manchmal erst auf Knopfdruck von innen oder nach dem Durchziehen der Geldkarte.
- Nicht zu früh zum **Essen** gehen. Mittags vor 14 Uhr und abends vor 21 Uhr findet man kein „spanisches" Lokal geöffnet. Allerdings haben sich durch die vielen Tagesbesucher mittlerweile im Altstadtzentrum diese Zeiten doch schon in etlichen Lokalen nach vorne geschoben, das Angebot richtet sich dann aber auch gezielt an die ausländischen Besucher.
- Nicht an einen schon **besetzten Tisch** dazusetzen.
- Die **Kathedrale** 6 oder eine andere **Kirche** nicht zu **leicht bekleidet** besuchen, das gilt nach wie vor als respektlos.

Verkehrsmittel

Busse

Málagas touristisches Zentrum ist überschaubar, dort sind alle Sehenswürdigkeiten fußläufig, außerdem fahren keine Busse durch die Altstadt. Einige wenige interessante Orte liegen aber dennoch etwas außerhalb, bei diesen sind die Hinweise zur Anfahrt mit Bus vermerkt. Wichtige Busverbindungen:

- Hoch zum **Gibralfaro** 12 fährt vom Paseo del Parque Bus Nr. 35.
- Bus Nr. 7 fährt von der Alameda Principal bis zum **Automobilmuseum** 31 und zum **Russischen Kunstmuseum** 32.
- Zum **Fußballstadion des CF Málaga** 33: Bus Nr. 17 fährt ab Alameda Principal bis Avda. Dr. Marañón, von dort sind es noch ca. 300 m Fußweg.
- **Jardín Botánico** 34: Stadtbus Nr. 2 fährt ab Alameda Principal bis zur letzten Station „San José", von da noch 15 Minuten Fußweg.
- Bus Nr. 11 befährt die **Küste** und passiert alle stadtnahen Strände bis El Palo 38.
- Zum **Flughafen** fährt der Bus A Express ab Paseo del Parque 24.

Gemächliche Stadtrundfahrt mit einer PS

090ma-mux

Tickets

- Ein Einzelticket kostet 1,30 €, zum Flughafen kostet das Ticket 3 €. Die Tickets erhält man beim Fahrer.
- Es gibt **wiederaufladbare Mehrfachkarten** für 10, 20 oder 30 Fahrten, die ab 8,30 Euro aufwärts kosten und sich nur lohnen, wenn man etliche Busfahrten unternehmen möchte bzw. mit mehreren Personen einige Fahrten plant. Diese „Tarjeta Bus" gibt es bei Kiosken und Tabakläden.

Metro

Die Metro Málaga besteht derzeit aus **zwei Linien**, die in die Vororte fahren und deshalb für die touristischen Zwecke uninteressant sind. Es wird aber noch an der Weiterführung der beiden Linien gebaut, die schließlich eines Tages bis in die City bei der Alameda Principal 21 führen sollen (s. S. 109). Derzeitiger Ausgangspunkt für beide Linien ist der **Bahnhof El Perchel**, der sich zwischen Hauptbahnhof und Busterminal befindet. Tickets kosten 1,35 € pro Fahrt.

Vorortbahn Cercanías

Diese Vorortbahn besteht aus **zwei Linien** und verbindet Málaga mit mehreren Orten im südlichen Umland (u. a. Torremolinos, Fuengirola) durch die Linie C1 bzw. mit dem Hinterlandort Álora durch die Linie C2. Für Touristen ist diese Bahn mit der Linie C1 nach Fuengirola interessant, da sie auch am Flughafen hält (siehe „An- und Rückreise", S. 112).

Pferdekutschen

Am Paseo del Parque 24 warten Pferdekutschen auf Kundschaft, der Preis liegt bei 30 € für 45 Minuten, jede weitere 15 Min. kosten 10 €. Das innere Zentrum befahren diese Kutschen allerdings nicht.

Wetter und Reisezeit

Im Sommer wird es **in Málaga sehr (!) heiß.** Die durchschnittlichen Temperaturen für **Juli und August** liegen statistisch bei 25 °C, die Betonung liegt auf „Durchschnitt“ und „statistisch“. Regelmäßig klettert das Thermometer aber in dieser Zeit auf über 30 °C mit Spitzenwerten jenseits der 40 °C. Dies passiert durch einen besonderen klimatischen Einfluss, nämlich wenn ein spezieller Föhnwind weht, **Terral** genannt. Dieser weht aus dem Landesinneren für meist nur ein paar Tage, lässt aber das Thermometer um ca. 10 Grad steigen, was selbst für Andalusien ungewöhnlich ist.

Die Menschen flüchten im Hochsommer aus der Stadt an die Strände, aber es halten sich dort auch einige Touristen auf. Einer der Gründe: Viele Hotels betrachten diese Phase als „Nebensaison“ und bieten teilweise ganz erstaunlich niedrige Tarife. Wer aber empfindlich auf Hitze reagiert, sollte lieber nicht fahren. Außerdem strömen zahllose Tagestouristen von den Stränden der nahen Costa del Sol in die Stadt, bevölkern diese und kehren abends wieder zurück an die Costa. In den Monaten **Mai und Juni** pendelt die Durchschnittstemperatur zwischen 20 und 24 °C, in dieser Zeit reisen viele Besucher an. Der **September** misst im Durchschnitt noch 24 °C, aber es gibt weniger Touristen. Der **April** ist einerseits ein sehr schlechter Reisemonat, weil dann zwar das große Volksfest, die Semana Santa („Osterwoche“, s. S. 96) stattfindet, was natürlich ein unglaublich beeindruckendes Spektakel ist, er aber auch hohe Hotelpreise mit sich bringt. Wer nun trotzdem und gerade deswegen nach Málaga reisen möchte, muss viele Monate vorher ein Zimmer reservieren.

Die restliche Jahreszeit eignet sich aus klimatischer Sicht immer für eine Reise, tiefer als 12 °C sinkt zumindest im Durchschnitt das Thermometer nicht. **Regen** fällt etwa um 500 mm im Jahr. Er verteilt sich auf den Zeitraum von Oktober bis April, wobei es im Dezember am häufigsten regnet, statistisch allerdings im Mittel auch nur an 6 Tagen. Insgesamt ist der Winter in Málaga verglichen mit Nordeuropa frühlingshaft und angenehm warm, er eignet sich gut für eine Reise. Im Sommer regnet es sehr selten, phasenweise wochenlang überhaupt nicht. Statistisch scheint die Sonne etwa an die 2900 Stunden im Jahr, was Málaga zu einem der sonnenreichsten Orte in Spanien macht, nicht ganz zufällig wird die nahe Küstenzone auch Costa del Sol genannt – „Sonnenküste“.

Durchschnitt	Wetter in Málaga											
Maximale Temperatur	17°	18°	20°	21°	24°	28°	31°	31°	28°	24°	20°	18°
Minimale Temperatur	7°	8°	10°	11°	14°	18°	21°	21°	19°	15°	11°	9°
Regentage	6	5	4	5	3	1	0	1	2	4	6	7
Wassertemperatur	15°	14°	14°	15°	17°	18°	21°	22°	21°	19°	17°	16°
	Jan	Febr	März	Apr	Mai	Juni	Juli	Aug	Sept	Okt	Nov	Dez

ANHANG

091ma-jg

Kleine Sprachhilfe Spanisch

An dieser Stelle werden ein paar hilfreiche Wörter und Phrasen genannt, die man schnell erlernen kann bzw. auf die keine komplizierte Antwort zu erwarten ist. Das reicht nicht für ein richtiges Gespräch. Deshalb wird der Kauderwelschband Nr. 5 „Spanisch – Wort für Wort" aus diesem Verlag empfohlen. Der Autor erklärt die Sprache und führt den Leser auf leichte Weise in das Spanische ein.

Aussprache und Betonung

- Jedes Wort wird so ausgesprochen, wie es geschrieben ist, d. h., es werden keine Buchstaben zusammengezogen. Beispiel: *bien* (gut) wird wie „bi-en" gesprochen. Einzige Ausnahme: *gue* und *gui*, die werden wie „ge" und „gi" gesprochen. Beispiel: *guerra* (Krieg), gesprochen „gerra".

- „*c*" wird meist weich gesprochen, fast wie ein englisches „th"
  „c" wird als „k" gesprochen, wenn „a", „u" oder „o" folgt, z. B. *casa* (Haus), gespr. „kasa"
- „*ch*" wie „tsch", z.B. *mucho* (viel), gespr. „mutscho"
- „*j*" wie „ch", z.B. *Juan*, gespr. „chuan"
- „*ll*" wie „lj", fast wie deutsches „j", z.B. *Mallorca*, gespr. „Maljorka"
- „*ñ*" wie „nj", *España* (Spanien), gespr. „Espanja"

- Grundsätzlich werden die Wörter auf der vorletzten Silbe betont, wenn sie auf einem Vokal (a, e, i, o, u) bzw. auf -n oder -s enden.
- Endet ein Wort mit einem Konsonanten (außer: -n und -s), wird die letzte Silbe betont.
- Abweichungen von dieser Regel zeigen die Akzente an. In diesem Fall wird dann der Buchstabe betont, über dem der Akzent steht.

Spanisch – Deutsch

Höflichkeitsfloskeln

Hola	Hallo!
Buenos días	Guten Tag!
Adiós	Auf Wiedersehen!
Buenas noches	Gute Nacht!
Hasta luego	Bis später!
¿Cómo te llamas?	Wie heißt Du?
Me llamo ...	Ich heiße ...
¿Cómo estás?	Wie geht's?
Muy bien, gracias	Sehr gut, danke.
por favor	bitte
muchas gracias	vielen Dank
de nada	gern geschehen, macht nichts
sí	ja
no	nein
vale	in Ordnung

Wichtige Phrasen

¿Cuánto vale?	Wie teuer ist es?
¿Cómo podría ir a ...?	Wie kann ich nach ... gehen?
¿Dónde está ...?	Wo liegt ...?
¿Qué hora es?	Wie spät ist es?
Estoy buscando ...	Ich suche ...
Necesito ...	Ich benötige ...
Quiero ...	Ich möchte ...
Quería ...	Ich hätte gerne ...
Déme ...	Geben Sie mir ...
¿Tiene ...?	Haben Sie ...?

Allgemeine Zeitbegriffe

ahora	jetzt
tarde	spät
más tarde	später
mañana	morgen
tarde	Nachmittag
noche	Nacht
ayer	gestern
hoy	heute

día	Tag
semana	Woche
mes	Monat
año	Jahr

Wochentage

lunes	Montag
martes	Dienstag
miércoles	Mittwoch
jueves	Donnerstag
viernes	Freitag
sábado	Samstag
domingo	Sonntag

Monate

enero	Januar
febrero	Februar
marzo	März
abril	April
mayo	Mai
junio	Juni
julio	Juli
agosto	August
septiembre	September
octubre	Oktober
noviembre	November
diciembre	Dezember

Straßen und Plätze

calle	Straße
plaza	Platz
avenida	Prachtstraße
paseo	Promenade

Touristisch relevante Begriffe

abierto	geöffnet
cerrado	geschlossen
baño	Toilette
hombres	Männer
señoras	Frauen
habitación doble	Doppelzimmer
habitación simple	Einzelzimmer
habitación con baño	Zimmer mit Bad
aeropuerto	Flugplatz
puerto	Hafen
estación de tren	Bahnhof
terminal de autobuses	Busbahnhof
precio	Preis
entrada	Eintritt
billete	Eintrittskarte

Im Restaurant

carta de bebidas	Getränkekarte
carta	Speisekarte
cubierto	Besteck
postre	Nachtisch
menú del día	Tagesmenü
plato del día	Tagesgericht
plato	Teller
primer plato	erster Gang
segundo plato	zweiter Gang

Getränke

botella	Flasche
cerveza	Bier
agua con/sin gas	Wasser mit/ ohne Kohlensäure
vaso	Glas
vino blanco	Weißwein
vino de la casa	Hauswein
vino rosado	Roséwein
vino tinto	Rotwein
vino	Wein

Speisen

aceituna	Olive
ajo	Knoblauch
almeja	Venusmuschel
anguila	Aal
atún	Thunfisch
bacalao	Kabeljau (meist als Stockfisch)
boquerón	Sardine
calabaza	Kürbis
calamar	Tintenfisch
cebolla	Zwiebel
cerdo	Schwein
chuleta	Kotelett
cocido	Fleischeintopf
conejo	Kaninchen
cordero	Lamm
dorada	Goldbrasse
ensalada	Salat
espárrago	Spargel

fresa	Erdbeere
gamba	Garnele
garbanzo	Kichererbse
guisante	Erbse
langosta	Languste
lechuga	grüner Salat
lenguado	Seezunge
limón	Zitrone
manzana	Apfel
mejillón	Miesmuschel
melocotón	Pfirsich
melón	Melone
merluza	Seehecht
naranja	Orange
pan	Brot
pato	Ente
pecho	Brust
pepino	Gurke
pera	Birne
perejil	Petersilie
pescado	Fisch
pimienta	Pfeffer
pimiento	Paprika
piña	Ananas
plátano	Banane
pollo	Hähnchen
potaje	Gemüseeintopf
puchero	Brühe mit Fleisch und kleinen Nudeln
queso	Käse
rape	Seeteufel
sal	Salz
sepia	Tintenfisch
solomillo	Lende
sopa	Suppe
ternera	Kalb
tomate	Tomate
uva	Weintraube
verdura	Gemüse

Zahlen

0	*cero*
1	*uno* (aber: *un kilo, una cerveza*)
2	*dos*
3	*tres*
4	*cuatro*
5	*cinco*
6	*seis*
7	*siete*
8	*ocho*
9	*nueve*
10	*diez*
11	*once*
12	*doce*
13	*trece*
14	*catorce*
15	*quince*
16	*dieciséis*
17	*diecisiete*
18	*dieciocho*
19	*diecinueve*
20	*veinte*
21	*veintiuno*
22	*veintidós*
29	*veintinueve*
30	*treinta*
31	*treinta y uno*
40	*cuarenta*
50	*cincuenta*
60	*sesenta*
70	*setenta*
80	*ochenta*
90	*noventa*
100	*cien*
101	*ciento uno*
102	*ciento dos*
110	*ciento diez*
138	*ciento treinta y ocho*
200	*doscientos*
300	*trescientos*
400	*cuatrocientos*
500	*quinientos*
600	*seiscientos*
700	*setecientos*
800	*ochocientos*
900	*novecientos*
1000	*mil*
2000	*dos mil*
3000	*tres mil*

Die Zahlen ab 1000 aufwärts werden wie im Deutschen gebildet, indem jeweils *mil* angehängt wird.

Register

Autor und Fotografin

Hans-Jürgen Fründt kam 1975 erstmals nach Spanien und damit auch nach Málaga, damals nur sehr kurz im Rahmen einer gehetzten InterRail-Tour. Aber schon dieser erste kurze Aufenthalt ließ ihn die besondere Atmosphäre der Stadt wahrnehmen, weshalb er später immer wieder zurückkehrte. 1984 ging Fründt dann als Sprachstudent nach Madrid, seitdem spricht er fließend Spanisch und schreibt Reiseführer u. a. über die Iberische Halbinsel. Mittlerweile sind rund 20 Bücher zu allen möglichen Zielen in Spanien entstanden, das er mittlerweile als seine „zweite Heimat" bezeichnet, außerdem weitere 20 Bände zu seiner ersten Heimat Schleswig-Holstein.

Susanne Muxfeldt begleitet den Autor seit vielen Jahren fotografisch. So hat sich eine produktive Arbeitsteilung ergeben. Während der Autor tagsüber mit Block und Diktiergerät die Fakten sammelt, sucht sie das frühe oder späte Licht für ein gelungenes Foto.

Schreiben Sie uns

Dieses Buch ist gespickt mit Adressen, Preisen, Tipps und Daten. Unsere Autoren recherchieren unentwegt und erstellen alle zwei Jahre eine komplette Aktualisierung, aber auf die Mithilfe von Reisenden können sie nicht verzichten. Darum: Teilen Sie uns bitte mit, was sich geändert hat oder was Sie neu entdeckt haben. Gut verwertbare Informationen belohnt der Verlag mit einem Sprachführer Ihrer Wahl aus der Reihe „Kauderwelsch".

Kommentare übermitteln Sie am einfachsten, indem Sie die Web-App zum Buch aufrufen (siehe Umschlag hinten) und die Kommentarfunktion bei den einzelnen auf der Karte angezeigten Örtlichkeiten oder den Link zu generellen Kommentaren nutzen. Wenn sich Ihre Informationen auf eine konkrete Stelle im Buch beziehen, würde die Seitenangabe uns die Arbeit sehr erleichtern. Unsere Kontaktdaten entnehmen Sie bitte dem Impressum.

Impressum

Hans-Jürgen Fründt

CityTrip Málaga

1. Auflage 2018

ISBN 978-3-8317-3059-9
Printed in Germany

Druck und Bindung:
Media-Print, Paderborn

Herausgeber: Klaus Werner
Layout: amundo media GmbH (Umschlag, Inhalt), Peter Rump (Umschlag)
Lektorat: amundo media GmbH
Karten: Ingenieurbüro B. Spachmüller, amundo media GmbH
Anzeigenvertrieb: KV Kommunalverlag GmbH & Co. KG, Alte Landstraße 23, 85521 Ottobrunn, Tel. 089 928096-0, info@kommunal-verlag.de
Kontakt: Osnabrücker Str. 79, 33649 Bielefeld, info@reise-know-how.de

---

Bildnachweis
Umschlagvorderseite: fotolia.com by Adobe©Kiko Jimenez | Umschlagklappe rechts: Susanne Muxfeldt
Soweit ihre Namen nicht vollständig am Bild vermerkt sind, stehen die Kürzel an den Abbildungen für die folgenden Fotografen, Firmen und Einrichtungen. Susanne Muxfeldt: mux | Hans-Jürgen Fründt: hj | Jan Gerbach: jg | fotolia.com by Adobe: fo

Liste der Karteneinträge

Hier nicht aufgeführte Nummern liegen außerhalb der abgebildeten Karten. Ihre Lage kann aber wie die von allen Ortsmarken im Buch mithilfe der Web-App angezeigt werden (s. S. 144).

Málaga mit PC, Smartphone & Co.

QR-Code auf dem Umschlag scannen oder **www.reise-know-how.de/citytrip/malaga18** eingeben und die **kostenlose Web-App** aufrufen (Internetverbindung zur Nutzung nötig)!

★ **Anzeige der Lage und Satellitenansicht aller** beschriebenen Sehenswürdigkeiten und weiteren Orte
★ **Routenführung** vom aktuellen Standort zum gewünschten Ziel
★ **Exakter Verlauf** des empfohlenen Stadtspaziergangs
★ **Audiotrainer** der wichtigsten Wörter und Redewendungen
★ **Updates** nach Redaktionsschluss

GPS-Daten zum Download

Auf der Produktseite dieses Titels unter www.reise-know-how.de stehen die GPS-Daten aller Ortsmarken als KML-Dateien zum Download zur Verfügung.

Stadtplan für mobile Geräte

Um den Stadtplan auf Smartphones und Tablets nutzen zu können, empfehlen wir die App „Avenza Maps" der Firma Avenza™. Der Stadtplan wird aus der App heraus geladen und kann dann mit vielen Zusatzfunktionen genutzt werden.

Die Web-App und der Zugriff auf diese über QR-Codes sind eine freiwillige, kostenlose Zusatzleistung des Verlages. Der Verlag behält sich vor, die Bereitstellung des Angebotes und die Möglichkeit der Nutzung zeitlich und inhaltlich zu beschränken. Der Verlag übernimmt keine Garantie für das Funktionieren der Seiten und keine Haftung für Schäden, die aus dem Gebrauch der Seiten resultieren. Es besteht ferner kein Anspruch auf eine unbefristete Bereitstellung der Seiten.

Zeichenerklärung

10	Hauptsehenswürdigkeit
[A6]	Planquadrat in den Karten
	Arzt, Apotheke, Krankenhaus
	Bar, Klub
	Café
	Denkmal
	Fischlokal
†	Friedhof
	Galerie
	Geschäft, Kaufhaus, Markt
	Hafen
	Hotel, Unterkunft
	Imbiss
	Informationsstelle
@	Internetcafé
	Jugendherberge
	Kirche
	Leuchtturm
	Moschee
	Museum
	Musikszene, Disco
P P	Parkplatz/-haus
	Postamt
	Restaurant
★	Sehenswürdigkeit
●	Sonstiges
S	Sporteinrichtung
	Theater
	Vegetarisches Restaurant
	Weinlokal
	Metro-Haltestelle
	Shoppingareal
	Gastro- und Nightlife-Areal
	Stadtspaziergang (s. S. 14)

Hans-Jürgen Fründt

CITY|TRIP

MÁLAGA

Nicht verpassen!

1 Marqués de Larios [B4]
Diese nicht sehr lange Straße ist die prächtigste Einkaufsmeile im Zentrum. Links wie rechts wird sie von schicken Häusern gesäumt (s. S. 19).

4 Museo Carmen Thyssen [B3]
Der Ableger des großartigen Madrider Museums ist in einem historischen Palast untergebracht. Gezeigt werden über 200 Bilder spanischer Maler des 19. Jh., darunter auch viele aus Andalusien (s. S. 23).

6 Catedral de la Encarnación [C4]
Die „Einarmige" wird sie genannt, da sie nur einen Kirchturm hat. Schon von außen ist die Kathedrale prächtig anzuschauen, im Innern besticht sie durch ein fantastisch geschnitztes Chorgestühl und einen prachtvollen Altarbereich (s. S. 25).

10 Museo Picasso Málaga [C3]
Hier feiert die Stadt Málaga ihren wohl bekanntesten Sohn mit einer gelungenen Ausstellung zu seinem weit gefächerten künstlerischen Schaffen, kräftig unterstützt durch Picassos Familie, die viele Bilder zur Verfügung stellte (s. S. 30).

11 La Alcazaba [D3]
Diese jahrhundertealte, am Hang eines Hügels errichtete Festung wird oben durch schöne ehemalige Palasträume gekrönt (s. S. 33).

18 Museo Unicaja de Artes y Costumbres Populares [A4]
Ein wenig wird dieses Museum der Volksbräuche unterschätzt, dabei gewährt es dank zahlreicher Alltagsgegenstände einen Einblick in die Volkskunst (s. S. 43).

25 Museo de Málaga [D4]
Dieses spannende Museum verfügt über eine archäologische Abteilung mit Funden von der Steinzeit bis zum 15. Jh., im Erdgeschoss werden zudem Kunstwerke aus dem 14. bis 20. Jh. gezeigt (s. S. 51).

27 Muelle Dos [D5]
Unter einer 400 m langen Pergola und vor einem Palmenwald spaziert man hier direkt am Wasser und genießt dabei den Blick aufs Meer (s. S. 52).

31 Museo Automovilístico [bl]
Eine beeindruckende Sammlung von historischen Luxusautos aus der Zeit zwischen 1898 und 1960 wird um exklusive Damenkleider aus der jeweiligen Epoche ergänzt (s. S. 58).

Leichte Orientierung mit dem cleveren Nummernsystem
Die Sehenswürdigkeiten sind im Text und im Kartenmaterial mit derselben **magentafarbenen ovalen Nummer** 1 markiert. Alle anderen Lokalitäten wie Geschäfte, Restaurants usw. tragen ein **Symbol und eine fortlaufende rote Nummer** (1). Die Liste aller Orte befindet sich auf Seite 142, die Zeichenerklärung auf Seite 144.